教育改革のやめ方

広田照幸
Hirota Teruyuki

教育改革のやめ方

考える教師、頼れる行政のための視点

岩波書店

はじめに

ちょっと個人的な話から始めます。私が小学生の頃、政治とは頭のいい人たちが集まって、慎重に最善のことを決めていくものだと考えていました。小学生が考えることだから単純ですね。ところが、高校生ぐらいになってみると、どうも目の前の政治は、おかしな議論や決定がなされているんじゃないかと思うようになりました。現状を改革するという話を新聞やテレビで見ると、いろんな人が問題点を指摘し、しばしば「改善ではなくて改悪だ」というふうな批判もあるのを知りました。社会は多元的な価値で成り立っていることや、政治は対立に満ちていること、しばしば強引な決定がなされることなどを理解したんですね。でも、受験勉強ばかりしていた高校生の私には、それ以上のことを考える材料も余裕もありませんでした。

大学に入学して、教養課程の社会学の授業で「イデオロギー」という語を学んだときに、「ああ、これか」と思いました。「世界が偏って認識される」という問題に、私は興味を持ちました。イデオロギーとは何かを深く理解するために、K・マンハイムの『イデオロギーとユートピア』を苦労して読んでみました。E・フロムの『自由からの逃走』なんかを読んで、多数者によって支持された政権が最善のものでもないし、そこでの政治的決定がしばしば悲惨な結果をもたらしてしまうものだということも学びました。

人はそれぞれ、多かれ少なかれ、この世界を認識する仕方に偏りがあります。これがイデオロギーです。政治というのは、複数の対立するイデオロギーの間の闘いで、それは社会全体の人々の間の多様なイデオロギーの布置状況とも関連している。だから政治の場で決定されていく改革は、必ずしもすべての人に良い結果をもたらすものではないのだ、ということが分かってきたのです。イデオロギーが作動するのは、政治の場だけではありません。日常の中で、われわれ一人ひとりが、「○○が良い」というふうに判断したり、「××をしたい」というふうに考えたりする所にも、イデオロギーは作動しています。マンハイムがいう「認識の存在被拘束性」というのは、そういう意味のことです。

その後、私は大学院に進学して、教育社会学を専攻し、大学教員として研究を続けることになりました。私が若い頃に扱った研究テーマは、陸軍将校の養成教育とか、しつけのイデオロギーとか、教育言説の歪みとかでした。それらの研究の中での私の一貫した問題関心は、「社会のイデオロギー対立状況と教育とはどういう関連を持ってきたのか」という点にありました。

私は当初は歴史研究ばかりしていましたが、二〇〇〇年頃から次第に目の前の教育改革の問題に目を向けるようになりました。教育学者の目から見たときに問題を感じるような改革論が声高に主張され、いつの間にか実施に移されることが多くなってきていて、「これからの教育は大丈夫なのか」と危機感を覚えたからです。自分の気に入ったテーマでの歴史研究をやっている間にも、おかしな改革が進んで行く。目の前の教育改革をめぐるイデオロギー状況と向き合わないといけないんじゃないか――そういう教育研究者としての責任感から、目の前の教育改革について考えようと思ったんです。

そういう危機感を持ったとき、私が新たに学ばないといけなかったことはたくさんありました。私のそもそもの専門は教育社会学で、しかもその中のマイナーなジャンルである歴史研究に特化した所に閉じこもって、一九九〇年代の終わりまで研究をしてきていました。だから現代の教育改革について考えようと思ったら、新しいことを学び直す必要があったのです。

第一に、改革論のイデオロギー的性格を考えるために、社会理論・政治理論をいろいろ学んでいきました。日本の改革論のモデルになっていたレーガン、サッチャー改革の性格や、一九九〇年代から広がったグローバリゼーションの議論などを、理論ベースで理解しておく必要があったからです。たくさん読んだ中で、R・ローティの『アメリカ　未完のプロジェクト』(小澤照彦訳、晃洋書房、二〇〇〇年)や、酒井隆史『自由論』(青土社、二〇〇一年)なんかが、強く印象に残っています。

第二に、政策決定のプロセスの仕組みをしっかり学ぶ必要がありました。どういう改革論がどういう力学で決定されていくのかを考えるためには、政官関係や行政内部の過程も含めて、政策が決定される仕組みを理解しておかねばなりません。小泉政権(二〇〇一〜〇六年)になって、中央での政策決定のプロセスが大きく変化したことは分かっていました。いろいろ本や論文を読んである程度まで分かってきた頃、たまたま読んだ清水真人『官邸主導』(日本経済新聞社、二〇〇五年)が、とても刺激的でした。「ああ、そうだったんだ」という心地よい瞬間を味わうことができました。教育に関する政策についても、本や論文を読むだけでなく、政府の審議会に出ている知人や文科省の官僚の知り合いと話をする中で、いろんなことを学びました。

第三に、主要な法令の中身や法令の仕組みについてずいぶん勉強しました。「改革」というのは、最終的には、新たな法律や政令、省令をつくったり、既存の法令の枠内で新たな通知を出したりして進められます。それはある種の言語ゲームです。ここでも、いろんな本や論文を読んで学びました。最初は、菱村幸彦『はじめて学ぶ教育法規』（教育開発研究所、一九九五年）あたりから始めました。自分の知識は穴だらけだったから、本当に初歩の初歩から再スタートしたんです。

あれこれ勉強していって、ようやくいろんなことが分かるようになった頃、「これからの学校について書いてくれ」とか、「いま進んでいる改革案について論じてくれ」とか、そういう依頼がたびたび来るようになりました。時事的な評論のコラムの連載なども書かせてもらうようになりました。本書は、それらの中から、教育改革の動きを論じたものを中心に集めました。

小学生の頃の私が考えていた、「政治というものは頭のいい人たちが集まって、慎重に最善のことを決めていくことだ」というのとは、現実はまったくちがいます。偏った教育論や、歪んだ学校改革論など、おかしなものがいっぱいあふれていて、それが、特定の政治力学のもとで問題をはらんだまま決定され、実施されていく——それが現実の教育改革なのだということができます。

問題をはらんだ改革は、すぐに新しい問題を教育制度や教育実践に生み出してしまうこともあるし、時間をかけて教育制度や教育実践をじわじわと歪めていってしまうこともあります。だから、おかしな改革論は現実化しないほうがいい。「変な改革はやらない」という選択をもっと政策決定の場で重視していただきたい。きっと全国の先生がたの多くは、「新しいことは何もやりたくない」という怠け者なのではなく、「いまやっていることをもっとしっかりやれるようにしてくれ」というのが、率直な思いだと私は考えます。日々の教育を、いまある資源の範囲内でしっかりやる／やらせる、という策を講じれば、そちらのほうが、おかしな改革に振り回されるよりも良い結果をもたらすでしょう。

もちろん、改革すべき点はあるし、たくさんの改革論の中にはきっと、教育の質を高めるのにつながったり、教職員の過剰な負担を軽減したりするような、良い改革論も混じっています。だから、「すべての改革をやめろ」というわけではなくて、十分な議論を尽くして良いものとそうでないものをきちんと分けて、良いものに対しては十分な予算をつけたり、実施に向けた支援の策を講じたりして、しっかりと進めればよいと思うのです。

本書のタイトルは「教育改革のやめ方」としました。それは、多くの人たちが改革論の良し悪しを見分けて、ダメなものは批判的に見ていってほしいし、すでに政策化されたものでも見直しをもとめていってほしい。もう一方で、長い目で見てよいものだけはきちんと選び出して、必要なことを政治や行政に対して要求していってほしい、という思いからつけたタイトルです。つまり、「教育改革を精選せよ」ということです。

本書は三つの部からなっています。

第Ⅰ部は、主に中央の教育改革の動向や教育をめぐる政治的な動きについて論じたものです。第1章では改革論の流れを総論的に論じ、第2章以下では、第二次安倍政権下で進んでいる改革や、中央での政治的な動きに対する論稿を中心に収録しました。

第Ⅱ部は、地方の教育委員会や学校の関係者の人たちに向けて論じたものです。個々の教育委員会や学校のレベルで何を考えて何をするべきか、教育現場の人たちの日常を思い浮かべながら論じたものが並んでいます。

第Ⅲ部には、教員養成・採用・研修に関連するものを集めてみました。教員の質がもっと向上すれば、教育はよくなるだろうというのは、誰もが当たり前のように思いつく改革案です。でも、「教員の質とは何か」とか、「どういうやり方が向上につながるのか」については、多様な考えがありえます。よかれと思って採用される質向上の方策がマイナスに働くこともありえます。いま進んでいる改革がよいのかどうか、ここでも立ち止まって考えてみる必要があると私は思っています。

政治家や財界人など、教育界の外側から降ってくる改革論の高唱はとどまる所を知りません。第1章で述べる通り、政治家と官僚との関係の変化によって、教育の中に政治が入り込んでくる場面もしばしば目にするようになりました。また、これまでの改革続き、改革だらけで教育の現場は疲弊しているうえ、さらなる教育改革を打ち出す官僚の机上の作文と現実の教育との距離は広がっているようにも思います。読者の方は、最新の改革の動向にどうついていくかというのではなく、ぜひ立ち止まって個々の改革の是非やあるべき改革の方向について考えてみてください。

本書に収録した文章では、私はかなり自分の立場や主張を明確にして議論をしています。厳密な実証とニュートラルな論理形式とで慎重な論を積み上げていく、通常の学術論文の書き方とはちがう書き方を意識的に行ったものが並んでいます。だから、それぞれの章は自分なりの分析や考察の結果をふまえた主張ですけれども、同時に、あるべき教育やあるべき社会について自分なりに立場を選んだうえで議論を展開している所もあるのです。だから、読者の中には、「俺の意見とちがう」というふうな人もいるかもしれません。それはそれで結構です。立場や意見が異なる主張に対して、自分なりにどう理解し、どう向き合えばよいかを考えていただければ、見方が広がる契機になるでしょう。

最後になりましたが、本書の刊行に関しては、岩波書店の田中朋子さん、山本賢さんにお世話になりました。どうもありがとうございました。

目　次

本文・カバーイラスト　村山宇希

I

中央の教育改革

1　近年の教育改革（論）をどうみるか

――ましな改革を選んでいくために――

この三〇年間の日本の教育は、おびただしい教育改革の嵐でした。改革だらけ、改革まみれの三〇年でした。その嵐はいまも勢いが衰えていないし、それどころか、おかしな改革案がスルスルと決定されてしまうようなことも多くなっています。改革を主張したり進めたりしているご本人たちは、きっと一生懸命だろうし、善良な人たちなのかもしれません。でも、「その改革案はそれでいいんですか？」と問い直してみる必要があります。

まず、改革案自体の良し悪しというものがあります。そもそも目的が歪んでいるもの、目的は結構だけれど手段がズレてしまっているもの、手段に大きな問題があるものなどがあります。「まちがった改革案」です。また、目的も手段もよいけれども、そのための条件や環境が整っていないような改革案もあります。「まちがってはいないが無理な改革」です。

また、改革案をどういう考え方で選んでいくかという問題もあります。現状Xがあって、改革案Aと改革案Bとが提案されているとき、Aをやるか、Bをやるか、AもBもやるのかという選択があるし、「AもBもやらない」という選択もできます。Aを主張する人たちとBを主張する人たちが対立しているだけでなく、「Xのままでいい」という人もいるので、複雑な政治的対立が生まれます。

この章では、まず、アメリカの教育史家、デイヴィッド・ラバリーの議論を借りながら、教育改革の波が動き出す前の日本の教育の特徴を整理してみます(第一節)。そのうえで、その日本の教育を改革するさまざまな議論の流れをまとめてみるとともに(第二節)、改革の決め方、すなわち政策決定過程の変化を簡単に整理して(第三節)、それらの考察をふまえて、いま何をすべきなのか、私の考えを書くことにします(第四節)。

一　一九八〇年代の日本の教育――改革前の状況

(1)　学校改革論は多元的で相互の対立や矛盾がある

そもそも公教育の目的や機能は多様です。単一の目的で動いていないのです。ですから、改革を考えるときに、何に注目し、何をするべきかについての選択肢も多元的で、それらは相互に対立や矛盾をはらんでいます。

ラバリーは、学校教育の社会的目的が複数競合しており、それは、社会の根幹の原理であるリベラル民主主義の核心にある緊張だと論じています。ラバリーが示すその社会的目的とは、民主的平等、社会的効率、社会移動の三つです。

アメリカにおける教育目標をめぐる言い回しは、リベラル民主主義の核心にあるいくつかの緊張から生じてきている。その一つが、民主的政治からの要求と資本市場からの要求との間に生じる緊張である。それと関連するのが、個人が利益追求を行う自由を誰にも保障しつつ、同時に社会には、集団的要求を満たしうることが求められているという問題である。アメリカという文脈においてこれらの緊張(関係)は、教育制度の三つの社会的目標間の闘争という形態をとった教育政治を貫くものだった。第一の目標は民主的平等である。これは、有能な市民をつくり出すための装置として教育を見なしている。第二は社会的効率であり、生産性の高い労働者を育成するための装置として教育を見なしている。そして第三の目標である社会移動は教育を、各個人がその社会的地位を強化保全あるいは向上させる手段として見なしている。(ラバリー 二〇一八、一七頁)

一つひとつの概念を説明します。民主的平等は、「国家の建設や共和国のコミュニティの形成、それに民主社会の中で判断を下すのに必要とされる広範な能力を市民につけさせるのに果たす教育の役割に、焦点を合わせている」ものです。社会的効率は、雇用主・納税者の視点からのもので、「その関心は、現代経済が必要とする職業スキルの育成に果たす教育の役割(人的資本)にあり、経済成長と社会の繁栄に欠かせないものとしての教育に注目している」。社会移動への視点は、教育を受けて未来の被雇用者となる側からのもので、「その関心は、学歴証明書にある」(同右)。

民主的平等はリベラル民主主義の下での教育の政治的側面を指しており、社会的効率と社会移動とはリベラル民主主義の市場的側面を指しています。政治/市場という対比です。また、民主的平等と社会的効率の組み合わせはリベラル民主主義の集合的な側面を、社会移動は個人主義的側面を表して

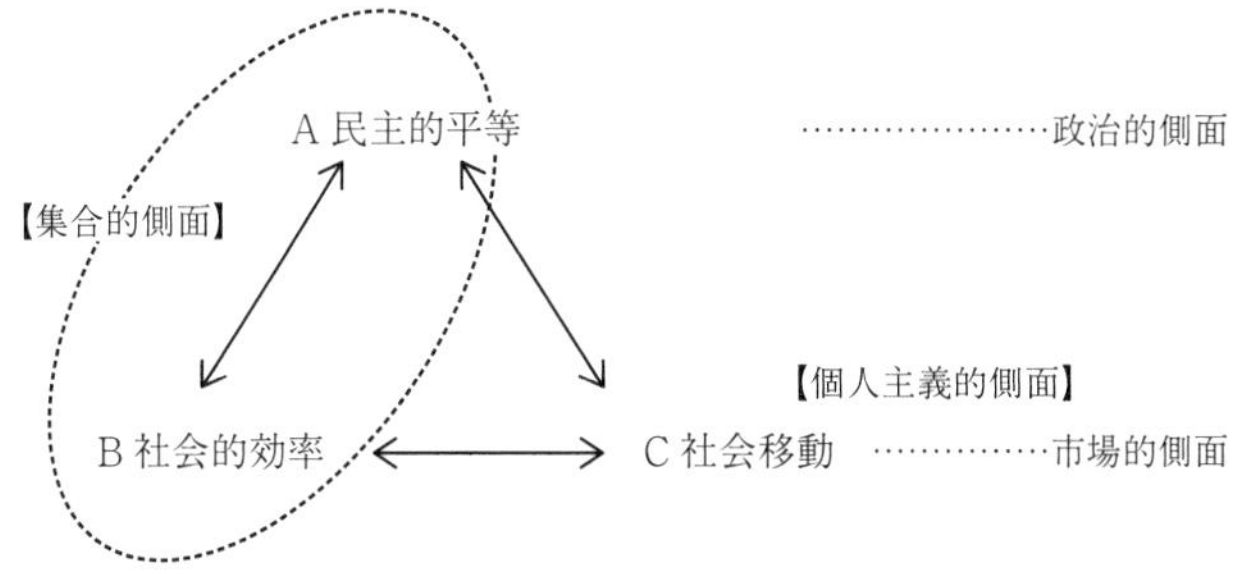

図 1-1　教育制度の３つの社会的目標間の闘争

います（図1―1）。ラバリーに言わせると、これら三つの社会的目標の追求はバラバラに行われるので、自己矛盾をきたす制度になっている、と述べています。

この整理は教育改革論の状況を考えるうえで、非常に面白いと思います。リベラル民主主義の社会における教育は、同時に複数の目標を追求するがゆえに、特定の視点からの改革論は常に、他の目標と対立するということを意味しているからです。財界人が「学校のいまの教育は仕事に役立たない」と嘆き、教育学者が「教育は経済の道具ではない」と論じたりするのは、別々の目標を志向しているからですね。また、主権者教育に力を入れた学校で、生徒が「受験に役立たない」と文句を言ったりするのも、別々の目標を追求しているから、ということができます。日本もまたリベラル民主主義の社会と呼んでよいでしょうから、この整理を使って、日本の教育改革の過去と現在を考えてみることにします。

（2）一九八〇年代までの日本の学校

現代的な改革が始まる直前の、一九八〇年代の日本の学校を図1

—1に照らして考えてみると、「有能な市民をつくり出すための装置」としての側面(A)は弱かったといえます。戦後初期の改革においては「民主的社会の形成者」をつくろうとする教育が強調されたものの、東西冷戦のあおりで、一九五〇年代からはそれが空洞化してしまいました。経済成長だとか、進学競争だとかのような、図1—1の市場的側面ばかりがクローズアップされるようになったんですね。

とはいえ、市民形成の部分がまったくなかったわけではありません。一つには、学校を一つの小社会とみなして、学校生活に適応し規律正しく円滑な集団生活を送ることが強調されました。また、一九五八年の改革で設置された「道徳の時間」のカリキュラムに盛り込まれました。とはいえ、それらにおいては「新しい社会を自分たちでつくる」という側面が後退したために、自分が帰属する集団の一員として秩序正しく暮らすための個人道徳にとどまることになりました。いわば「良き市民」の育成よりも「善良な人」の育成に傾斜してきたのです。

有能な労働力の育成という面(B)では、日本の教育は一定の成功を収めました。詰め込み教育ではあったけれども、子どもたちは高い基礎学力を身につけ、会社や工場で規律正しく有能に働く労働者になっていきました。職業教育は西欧諸国に比べると広がらなかったけれども、職業資格ごとに分断された労働市場が成立しなかったため、基礎学力と規律正しさがあれば、それで有能な労働者になっていけたのです。高度成長期には、ホワイトカラーだけでなく広汎な層に終身雇用の慣行が広がっていたので、企業内での訓練や研修も制度化され、会社や工場でスキルを身につけていけば、それでやっていけたわけです。

日本の教育で非常に強かったのは、社会移動の手段(C)としての学校という側面でした(です)。R・P・ドーアが指摘するように、西洋諸国に遅れて近代化を開始した日本は、「学歴稼ぎ」のための就学が幅広い層に一般化していきました(ドーア 一九七八)。

このことは二つの大きな特徴を、日本の教育に刻印しました。

一つは、「誰もが平等に地位達成のチャンスを持つべきだ」という平等への志向性が強い仕組みや慣行がつくられたということです。戦後日本の教育では、全国一律のカリキュラムと単線型の学校制度で、同じものをみんなが一斉に学ぶ教育が形成されました。それは、一元的な序列化や受験競争の過熱といった弊害を生みましたけれども、同時に、貧しい家庭の子どもにも比較的平等に機会が提供されるものとなりました。かつては大きかった都会と田舎の学力格差もほとんどなくなっていきました。一九六〇年前後にはまだ地域間(都道府県間)で大きな学力格差がありましたが、二〇〇七年に全国学力テストをやってみたら、都道府県間の差はきわめて小さいものになっていました(志水 二〇〇九)。一九八〇年代までの文部省の教育政策の基調は、いかにして平等な教育を保証するかというものでした[1]。

もう一つには、受験のための詰め込み教育が日本の学校を特徴づけることになりました。学習した中味が自分にとってどういう意味があるのかを問うこともなく、ただひたすら入学試験を最終ゴールにして暗記型の学習をする、というものです。それはそれで覚えたものをあとで使っていろんなことを考えたり、覚えたものを基盤にして新しいことを習得したりできるわけだから、私はまったく無意味だとは思いません。「課題解決能力の育成を」と近年叫ばれていますが、いろんなことを知っていることが、高度な課題を立てたり解決したりするのに不可欠であるからです。

とはいえ、高校までの教育の中で、学んだことを使って何かに応用してみるといった機会を、一九八〇年代までの日本の教育はほとんどやってきていませんでした。詰め込んだものをどう組み合わせたり発展させたりして使うかということを、少しも学ばないで卒業してしまうことが当たり前だったわけです。その結果、学校で学んだ知識をその後の人生で十分生かすことなく生きていく人がたくさんいたはずです。どこかのテレビ番組じゃないけれども、些末な知識の断片を小ネタにして仲間内で盛り上がる程度といった感じですかね。「受験勉強で学んだものはその後の人生で役に立たない」という強烈な思い込みを、日本の国民の多くが持ってしまっている感じがします。

いや、学校で学ぶ知の有用性を生徒の側がなかなか実感できないのは、仕方がない部分があります。生徒は世界が狭いし、未熟です。問題なのは、学校の側、教員の側が、「受験のため」の教育に終始してきたという点です。「何のために教えるのか」というときに、有能な市民の育成(A)や有能な労働力の育成(B)とは無関係に、受験のテクニックの教え込みに傾斜する。そうなると、教育は歪みます。図1―1でいうと、社会移動の装置として最大限の効果を上げようとする学校づくりが、公教育の持つ集合的側面を軽視する教育を生むことになります。教育を私有財とみなしてしまう国民の世論が根強いので、教育予算がなかなか増えませんけれども(中澤 二〇一四、矢野・濱中・小川 二〇一六)、公共的な目的を見失った教育をやってきた学校の側にも責任の一端を感じないではいられません。

でも全体としてみれば、日本の教育は、図1―1の「政治的側面」は弱く、市場的側面が強かったといえるけれども、一定のうまくいった仕組みをつくり出してきたといえます。外国人の研究者の目から見ると、日本の教育はとても効率的かつ平等で、戦後の日本の社会全体を平等化する役割を果たしてきていました(カミングス 一九八一)。だから、たとえば第一四期中央教育審議会(中教審)答申(「新しい時代に対応する教育の諸制度の改革について」一九九一年四月)では、次のように欧米の教育と比較して、日本の教育の成功が高く評価されていました。

アメリカの初等中等教育は、国民にほぼ同一の教育を与える単線型であり、ハイスクールや大学への進学率も高く、極めて平等だが、近年、学力水準の低下というかたちで、著しい効率低下に悩まされている。一方ヨーロッパの教育制度の多くは、中等教育段階で複線型に分かれ、能力や資質に応じ極めて効率良く運営されているが、進学率は低く、平等とは決して言い難い。

ところが日本の教育はこの点どうであろうか。日本の教育だけは例外的に、平等への欲求と効率の良さとを両立させる方向で運営されてきている。日本の教育が果たして真に平等か、真に効率的かという厳密な詮議《せんぎ》立てはひとまず置くとして、アメリカにほぼ匹敵する進学率の高さ、教育の大衆化の現実が日本にはあり、日本の教育は形式的には極めて平等である。同時に小・中学校における平均的に高い学力水準の維持、高等学校の進学率と卒業率の高さ、産業社会への適応度の安定が認められ、十分に効率的である。日本の教育を他国と比較したとき、平等と効率はともあれ両立していると言っても、さして間違いではあるまい。

二　たくさんの改革論

(1) 有能な市民の形成

しかしながら、それでももっとよい教育をもとめて改革論は多様にありえます。社会の変化が新しい教育を必要としてきているという議論もありえます。実際、キャッチアップ型近代化の終わりと豊かさの到来、冷戦の終焉、国際化やグローバル化、情報化、長期経済不況、国の財政赤字の増大、世界的なナショナリズムや民族主義の台頭、AI技術の進展など、一九九〇年代から現在に至るまでの社会の変化は、さまざまな教育改革必要論を生み出していきます。誰もが自分なりにもっといい教育を望んで提案するから、改革だらけの三〇年の話はここから始まることになります。

図1—1に戻ってみましょう。ラバリーのいう「民主的平等」(A)、すなわち「有能な市民をつくり出すための装置」としての側面の改善を主張する議論があります。ただし、そこには、複数の考え方が存在します。保守派は、「規範意識が低くなった、愛国心が足りない」と、規範を強調する道徳教育やナショナリズムの強化を主張します。他方で、リベラル派の人たちは、「民主主義の教育が足りない。人権意識や異文化理解が足りない」と、市民形成のための教育の重要性を主張します。これは、一元的な共同体論をベースにした個人道徳の形成という立場と、多元的な価値の市民道徳の形成という立場の対立だと、私は考えています(広田 二〇〇五)。

一九八〇年代までの日本の教育で足りなかったのは、私は後者だと考えています。「道徳の時間」

はさほど有効に機能していませんでしたが、学校生活全体を通しての道徳教育は、とても効果をあげました。集団の中で秩序正しく生きるという道徳的な生き方は、ほとんどの子どもにうまく習得されていたからです。もちろん、いじめや非行など道徳に関わる問題は存在していましたが、それらを道徳教育の強化で解決させようとするのは、単純すぎる暴論だと思っています(同右)。

保守派の人たちは、戦後教育改革が行き過ぎていた、と論じます。リベラル派の人たちは、「日本社会の民主化」を目指した戦後教育改革が不十分に終わってしまった、と論じます。ここが分かれ目です。私の考えでは、戦後すぐの改革で打ち出された理念が十分に根づかないまま、「経済のための教育」すなわち、学校が労働力の育成と社会移動の装置の場になってしまったことで、政治を理解しきちんと判断できる市民を十分に育ててこなかったことが、日本社会の大きな弱みだと思っています。一九七〇年代以降は、若い世代の私生活主義や政治的無関心の広がりが問題になってきていました。だから、むしろ、それまでの日本の教育が民主主義の担い手を形成することに失敗してきた点を改善することのほうが急務だったと思っています(広田 二〇一五a)。

(2) 経済との関連

図1—1の社会的効率、すなわち「現代経済が必要とする職業スキルの育成」に関しては、経済界を中心に、多くの改革要求が出されてきました。ここでは、主なものをいくつか挙げてみます。

第一に、職業的意義がもっと明確な学校教育をやれ、という議論です。日本の学校は、基礎的な学力をそれなりにきちんとつけてきたし、大学では高校までとはちがうレベルの専門知識や教養を学習させてきて、それらは間接的に有能な労働力の育成に寄与してきていたはずです。でも、それでは飽き足らず、もっと明確に職業とつながる学校教育をやれ、という声が大きくなってきました。

大学教育では、企業に役に立つような能力やスキルを身につけさせろという議論から始まり、仕事に役に立たないように見える人文社会科学系の学部とかを改組してしまえといった議論や、学生に大学で何が身についたのかを可視化せよという所までできています。また、職業人養成に特化した教育機関も増やされてきました。一般の大学とはちがう種別として二〇〇三年に専門職大学院制度が創設され、さらに二〇一九年度から専門職大学及び専門職短期大学が職業大学として制度化されました。高校段階でも、専門高校をもっと増やすべきという議論もあります。

しかしながら、職業訓練を教育の目的として特化させていくことに対しては、異論もあります。高校進学段階で職業的な専門に振り分けることは、かえって不本意な学びや途中での進路志望変更などの問題を生みかねません。大学はそもそも職業教育の機関ではない、という反論がありえます。そもそも、学校教育は多様な目標を追求する場なのだから、経済のための道具になってはいけないという議論も主張されてきました。

第二に、旧来の知識詰め込み型ではなく、もっと主体的に考え、課題を解決していくような人材が必要だ、という議論です。二〇一七・一八年の学習指導要領の改訂で打ち出された「主体的・対話的で深い学び」というフレーズも、この学力観です。これはすでに、一九八五年の臨時教育審議会（臨教審）第一次答申で、「記憶力中心で、自ら考え判断する能力や創造力の伸長が妨げられ個性のない同じような型の人間をつくりすぎている」というふうに指摘されていました。一九九〇年代にグローバル化や情報化が進み、さらに知識基盤型社会への転換が謳われるようになると、詰め込み型教育への批判と、思考力や判断力などの強調はさらに強く主張されるようになっていきました。
最近のものとして、経済同友会の教育革新委員会が二〇一九年四月に出した提言(「自ら学ぶ力を育てる初等・中等教育の実現に向けて――将来を生き抜く力を身に付けるために」)を見ると、次のように書かれています。

技術革新や社会の変化が加速し、予測のつかない未来を生き抜く力を身に付けるためには、人生の早い段階で、自ら学び、学びから得られた知識や経験を社会課題の解決に結びつける習慣をつけることが不可欠である。そうした経験から得られる自信は、多様な他者を受け止める寛容さの基盤でもある。

ここからは、従来の知識詰め込み型の教育とはまったく異なるものがもとめられていることが分かります。経済産業省が最近進めている、AI技術を教育に活用しようというEdTech研究会の議論で描かれているのも、基本的には同じで、主体的な学習、知識の応用や課題解決型の学習(以下、「主体的な学習」)です。これは実は、第一の点である「職業的意義の明確な教育」の一種と見ることもできます。初中等教育の普通教育や、職業と直結していない分野の大学教育に関して、こういう形で学校教育の中で職業的な有用性を明確にさせようとしているのだと見ることができるのです。
しかしながら、これについては少し補足をしておかねばなりません。それは、有能な労働力の育成のために、知識の詰め込みを依然として重視する議論もまた、もう一方にはずっとあるということです。数年前に産業界の人と話をする機会があったとき、「地頭《じあたま》がしっかりしていれば会社が育てるからそれでいいよ」という話も聞かされました。旧来型の学力が下がってしまうことへの懸念は、まだ日本ではとても強いものです。

先に述べたように、私自身も両方とも重要だと考えています。ただ、これまでの日本の教育で欠けてきているものは、主体的な学習です。特に高校教育において、従来型の教育からの部分的な転換が必要だと思っています。私の意見は、詰め込み型の授業を一方で継続していって、きちんと知識を習得させながら、ときどき、それとはちがうタイプの学習経験をさせればよい、というものです。講義と演習を組み合わせた大学の教育に似たコンセプトですね。「主体的・対話的で深い学び」を各単元ごとにすべてやれというのはそもそも無理だし、失敗すると思っています。

第三に、「現代経済が必要とする職業スキルの育成」という意味からは外れますが、社会的効率という面からいうと、経済界の人たちやエコノミストたちから、教育制度や学校経営のモデルが押しつけられてきました。競争と評価、市場原理を活用して、財政を効率的に利用するために学校教育を改善せよというさまざまな提案です。一般にネオリベラルな教育改革論といわれているものです。一九九〇年代後半から、学校選択制や学校評価、バウチャーなど、さまざまなものが提案されました。そもそも経済界の人たちは、学校の教員や大学教員を信頼していないから、教育を変えるためには、自分たちのノウハウのほうが優れていると考えている節があります。民間人校長や民間人教員を増やせとか、大学にもっと実務家教員を入れよとか、そういう主張もなされるようになりました。また、民間企業がもっと教育に参入していけば、これまでの公共サービスとしての教育よりもうまくやれるはずだと、株式会社立学校の創設や、公設民営学校(自治体が学校を設置し、民間団体が運営する公立学校)の設置などの議論が出されたりもしました。

こうした提案のモデルになっているものの多くは、アメリカやイギリスでの学校改革の手法ですが、アメリカやイギリスでは必ずしもうまくいっているように見えません。たとえば、過去二〇年間のアメリカでのチャータースクールについての効果を検証した研究によれば、チャータースクールは、教育機会の格差の是正の面でも学力水準の向上の面でも全体としてみると十分な成果が上がっておらず、結果としては、公教育の公共性を失わせて、「事実上の私学化」をもたらしてしまいました(Waslander 2010, Lubienski 2015)。だから、大々的に宣伝される少数の成功した学校や地域の事例だけみていてもダメなんです。アメリカの教育改革の失敗について知りたい人には、鈴木大裕さんの本をお薦めします(鈴木 二〇一六)。

アダムソンらは、ネオリベラルな国家と社会投資国家という対比で、教育政策をめぐる対立を描いています。「投資」という言葉に違和感を感じる人がいるかもしれませんが、「手厚い教育を普遍的に提供する」というぐらいに考えておけばよいでしょう。ネオリベラルな国家では公教育は privatize (私有物化、民間の経営手法の模倣、民間資源の活用)される。それに対して、社会投資国家では、しっかりとした財政支出で質の高い教育が普遍的に提供される(Adamson et al. 2016 pp. 5-10, 表1―1)。アダムソンらは国際比較から、社会投資国家のほうが教育の高い成果が得られていると論じていますが、財政支出を惜しむか、それとも思い切った財政支出をしていくか、という対立に帰着するでしょう。

表1-1　教育の課題とメカニズム

教育メカニズムが提起する課題	
1. どういう教育供給メカニズムが最善か？ 2. どういうカリキュラムが教えられるべきか？ 3. 生徒たちが学んでいるかどうかをどうやって知るか？	
ネオリベラルな教育メカニズム	**社会投資の教育メカニズム**
バウチャー	よく準備した教師たち
チャータースクール	学校に対する公正な財政支援
学校市場	高い質のインフラ
市場ベースの教授	全人的なカリキュラムと教授法
テストベースのアカウンタビリティ	

出典：Adamson et al. 2016.

（3）社会移動の装置としての学校

図1―1の社会移動(C)の側面での改革論の争点は何でしょうか。一つにはいま述べた「詰め込み教育」と「主体的な学習」の問題があります。生徒の側から見たときに、この問題は、入試がどういうものになるのかによって大きく異なってくるはずです。大学入試が変われば高校以下の教育も変化する。生徒の側も、旧来の学習の仕方とはちがう学習に励むようになるはずです。現在高大接続テストの試行が行われていますが、まだ問題だらけのようです。これについてはもう少し成り行きを見ないといけません。

社会移動の面でのもう一つの重要な争点は、機会の平等をめぐるものです。戦後日本の教育は、単線型の学校制度で、私立や国立の小学校はごくわずかで、私立中学校も大都市部以外には少なく、大半の子どもが公立小中学校に通い、高校入試の段階から異なるレベルの教育への分かれていく仕組みでした。だから、お金持ちの子どもでも地元の公立小中学校に通うというケースがあたりまえだったし、貧しい家庭の子どもでも一生懸命勉強しているうちに有名大学に進学できたケースもよくあったわけです。

しかし、この平等な仕組みを「画一的」と批判する人は、早くから一人ひとりにちがった教育を与えることを主張します。エリートのための特別な教育を制度化したいという政治家や財界人だけでなく、ユニークな教育をやれる所でやらせたいとか、一人ひとりの関心や特性を尊重したいと考えるリベラルな人も、そうした早期分化に前向きです。実際、多様な学校をつくる動きは、一九九〇年代以降、進んできました。

しかし、小学校や中学校段階での分化が進んでしまうと、多くの子どもから社会移動のチャンスが奪われてしまいます。私立学校や特別な公立学校を卒業した者がよい進路に進むことができ、他の者はそれらよりも低いレベルの教育が与えられて、十分な学力が形成されない可能性が出てきます。そうなると、地元の普通の公立小中学校を出ると、気がつくとよい進学が不可能になっている、という事態も考えられます。

私は別の機会にこの問題について書きましたが(広田 二〇一五a)、「個に応じた教育」というリベラルな教育論のアキレス腱がこれだと思っています。「生まれつきの能力」というのは、特別な障害を除いて誰にも分かりません。にもかかわらず、「個に応じた教育」を早期の段階で始めると、子どもたちの興味・関心や意欲は家庭環境に大きく左右されているので、家庭環境の差が早期の学校選択に反映してしまいます。レベルや内容の異なる教育、すなわち「分化した社会化」がなされていくことで、結果的に一人ひとりの子どもの間の差異は増幅され、固定化されます。まだ全国レベルでの分化の程度は進んでいませんが、下手をすると、多くの子どもが小学校入学段階で将来が限定されてしまうような教育制度にもなりかねません。

すなわち、社会移動の側面から考えたとき、平等な機会を提供する教育制度を考えるか、不平等になったとしても、個々の子どもに応じた教育を提供するべきと考えるか、という争点が存在しているわけです。ただし、これは社会の機会や財の分配の仕組みがどうなるかによって、問題としての大きさが左右されます。どんな生き方をしても誰もがそこそこの暮らしができる社会をわれわれがつくり出せるならば、この問題に目をつむることができるかもしれません(広田 二〇〇四)。しかし、格差が大きい社会になるなら、リベラルな教育論による改革が社会の分断を生んでしまうことになります。

(4) 教育改革をめぐる争点

一九八〇年代までの日本の教育はそれなりに成功した仕組みをつくっていましたが、一九八四〜八七年の臨時教育審議会(臨教審)の議論を契機に、九〇年代以降はいまに至るまで、さまざまな改革が進められてきました。改革をめぐるいま述べてきたような論点を図1—1と重ねると、次のような図1—2になります(図1—1の一部分は省略)。

このように見てくると、教育改革は、たくさんのポイントを争点にして展開されてきたといえます。リベラルな立場を選択した教育学者の私としては、大雑把に言うとa2-b2-b4-b6-c2-c3の選択肢の立場を選んできました。ただし、「c3平等な機会/c4個に応じた早期分化」の選択肢に関しては、同じリベラルな立場の教育学者との間では意見を異にする部分があります。教育社会学を専攻してきた私には、「個に応じた教育」は教育方法のレベルでは賛成はするものの、カリキュラム(教育内容)の分化

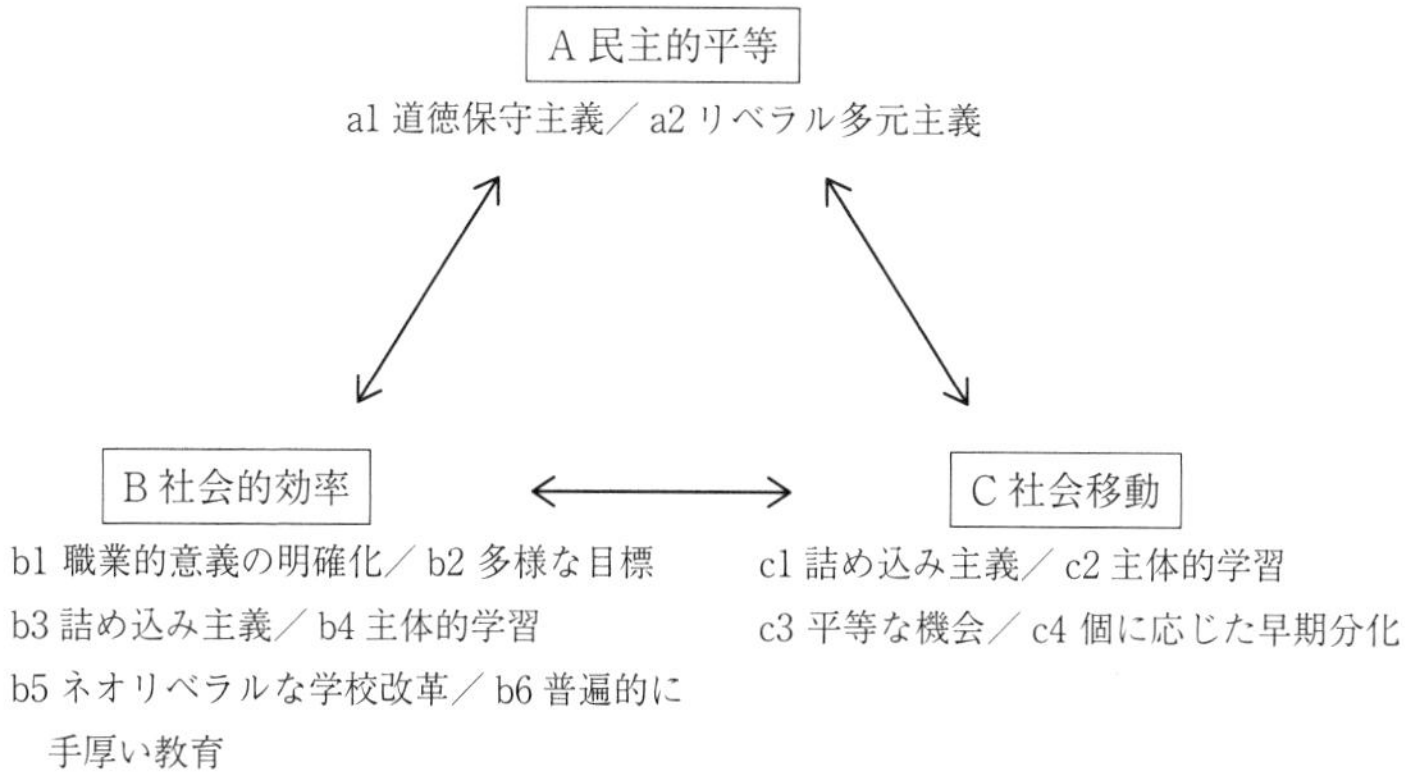

図 1-2　1990 年代以降の日本の教育改革をめぐる争点

や学校種別の分化があまりに早すぎるのは、教育機会の不平等がどうしても気になってしまうのです。

(5) 改革拒否・抵抗勢力

この節の最後に、改革を拒否する勢力について考えておきましょう。さまざまな種類の改革論を主張する人たちは、相互に対立する立場からの改革を拒否します。たとえば、「我が国と郷土を愛する」という文言が盛り込まれた教育基本法の改正(二〇〇六年)がそうでしたが、道徳保守主義的な改革に対しては、リベラルな人たちは反対します。特定の狭い道徳の押しつけが国民の自由を公教育が脅かしてしまうことになるし、リベラルな社会が当然持つべき価値の多元性や異質な他者への寛容を損なってしまうことを心配するからです。

しかし、そういう改革論者同士の対立ではなく、改革を拒否する固有の勢力もあります。第一に、学校の教職員です。上から下りてくる改革プランは、しばしば薄められたり、換骨奪胎されたり、書類の上だけで片づけられたりします。それが正当である場合もあります。というのは、一つには、改革案がそもそもおかしなものだったり、改革を実施するために必要な条件が整えられていなかったりすることがあるからです。こういう面は確かにあります。もう一つには、学校は、それまでの長い時間をかけて、独自の考え方ややり方で日常を組織してきています。ラバリーの表現を借りると、「学校組織、カリキュラム、教授法、専門職的役割、そして職業的・組織的関心の複合体」を発展させてきており、それゆえ、学校と教師は「自分自身のニーズ、関心、組織パターン、職業規範、教授実践に照らして学校内の物事をつくり上げ」てきているのです（ラバリー 二〇一八、二〇六頁）。比較的うまくやれている場合には、これまでの考え方ややり方を変更するのは大きな決断が必要です。なかなか現場が変わらないのは、教職員が怠惰だからというわけではないのです。

第二に、保護者や地域の人たちです。保護者の多くは、昔ながらの教育を強いイメージで持っていて、その古い教育イメージで自分の子どもがうまくいくことを願っています。だから、新しい教育の目標とかやり方とかに否定的なことがよくあります。地域の人たちも、しばしば、個々の学校を偏差値や進学実績だけで評価します。受験に向けた詰め込み教育から学校がなかなか転換できない理由の一つは、保護者や地域からのまなざしが昔の学校や学歴観のままにとどまっているからです。

第三の改革拒否・抵抗勢力は財務省です。有意義な改革を文科省がしようと思っても、財務省がお金を出してくれないのです。文科省は交渉相手として財務省を苦手としています。二〇〇六年に改正された教育基本法に基づいて、教育振興基本計画を立案する際、文科省は教職員の大幅な増加を見込んだ数値目標を入れようとしましたが、財務省の抵抗によって三度にわたって失敗しました（伊藤 二〇一九)。財務省は、文科省の幹部にとって、「政策形成において調整困難なアクター」として苦手意識のある相手なのです(曽我 二〇一九)。国が膨大な財政赤字を抱えている中で、財政健全主義を強固なイデオロギーとして持っている財務省の官僚にとっては、すぐ目に見える効果を示すのが難しい教育の充実に対してお金は出せない、ということなのかもしれません。でも、それではどうにもなりません。本章の最後には、この話をすることになります。

何とか少額でも予算を増やすために、文科省は目新しい改革案を次々と打ち出して、何とか文教関係の予算確保に努めるのですが、それはそれで困ったことに、あまり意味のない新しいプランの実施のために、現場の人たちに混乱と多忙とを生む結果も生んでいます。

三　危なっかしい改革が進んでしまう時代に

(1) 第二次安倍政権以前の改革

一九九〇年代の改革は文部省が主導で、臨教審答申で打ち出された改革案のうち、比較的マイルドで実行可能なものが選ばれて実施に移されていました。もちろん個々の改革に対して賛否の議論はありましたが、まだ比較的穏当で手続きも慎重なものが多かったんです。

しかし、二〇〇〇年代に入ると状況は一変しました。首をかしげざるを得ないような性急で乱暴な改革案や、政治的に偏っていて教育を歪めてしまうような改革案、現場を窮屈にするような統制を進める改革案などが、次々と出てくるようになったのです。

その大きな背景には、政官関係の変化、政治主導への動きによって、政策決定過程の構造が変化したことがありました。

一九九〇年代までは、各省庁の官僚が政策形成を主導していました。政治家や業界団体、有識者など、多様な方面からの意見を聴いて政策案をつくり、省内だけでなく関連する他省庁や与党との間での調整を進めながら、ボトムアップで政策案の決定を積み上げていく形式でした。「コンセンサス型民主主義」の政策決定構造と呼ばれています(待鳥 二〇一二など)。教育政策でも、その政策案の発信源の中心的なアクターは文部官僚でした(前川 二〇〇二)。

ところが、一九九〇年代末には、橋本龍太郎内閣(一九九六〜九八年)の時代に「官邸主導」に向けた行政改革の動きが始まりました。「コンセンサス型民主主義」の仕組みを壊し、トップダウン型の政策決定を制度化しようという動きです。スタッフを強化した内閣府をつくって首相の権限を強化し、政策立案や強力なリーダーシップが可能になるようにしようとするものでした。

その新たな仕組みを目いっぱい活用したのが、小泉純一郎首相(二〇〇一〜〇六年)でした(清水 二〇〇五)。小泉内閣では、内閣府におかれた規制改革関係の会議を主要な改革アイデアの発信源の一つとしつつ、首相や何人かの閣僚のほか、財界人や学者を加えた経済財政諮問会議が毎年「骨太の方針」を出して、「改革の司令塔」の役割を果たしました。トップダウン＝官邸主導で、各分野の新しい改革案を決定して、各省庁にやらせる、という構図になったのです。(2) たとえば、株式会社立学校やNPO法人立の学校を認める改革案は、そういう経緯で官邸から出されてきました(荒井 二〇〇八)。

小泉政権のこの新しい政治運営に対しては、与党も各省庁もしばしば「抵抗勢力」として行動しました。教育政策に関しても、たとえば義務教育費国庫負担をめぐる改革では、自民党文教族も文科省も抵抗勢力として立ち回りました。

民主党政権(二〇〇九〜一二年)の際にも、トップダウン型の「政治主導」が方針として掲げられていました。しかしながら、国家戦略レベルでの政策案の採択や優先順位づけを行うはずだった「国家戦略局」の構想が失敗し、結果的には、各省に配置された大臣・副大臣・政務官(政務三役)がバラバラにマニフェストの諸項目の実現に向けて走り、あちこちの省で、政務三役と官僚との間に軋みが生じてしまいました。ただし、文科省では、鈴木寛副大臣が官僚との間での密接な関係を築き、高校の授業料無償化など、いくつかの重要な成果を残しました。

(2)第二次安倍政権における改革

第二次安倍政権(二〇一二〜現在)は、この官邸主導の手法をそのまま継承しています。それどころか、官邸の権力はより一層強化された感があります。自民党の党総裁としての党内への支配力は、敵対勢力の派閥がまだ元気だった小泉政権期よりも強力なものです。また、新たに発足させた内閣人事局で各省庁の幹部人事を握ったことで、各省庁の統制を強めることになりました。さらに、政権の長期化によって、どの省庁も、小泉政権期に見せたような抵抗が封じられてしまいました。

教育政策に関して言うと、自民党内に教育再生実行本部を置いて、文教族の議員を発信源にしたり彼らの了解を取りつけたりする体制をつくったうえで、首相の私的諮問機関として内閣府に設置した教育再生実行会議で審議・決定した案を、文科省の中央教育審議会で具体化させる(中教審の下請け化)

というやり方を取ることで、教育改革を強力な政治主導で進めるようになりました（村上 二〇一三、中嶋 二〇一三、荒井 二〇一四）。自民党の文教族は、ここぞとばかりに自分たちの案を文科省に押しつけるようになるとともに、財界や経済産業省なども、内閣の力を借りて、自分たちの案をより一層文科省に押しつけるようになりました。文科省の官僚や教育関係者のほうでも、長年の懸案事項だった課題についての政策案を、強力な政権のもとで実現させたいという思惑が働きますから、与党や教育再生実行会議などに売り込んで、提言の中に盛り込ませようとします。

だから、第二次安倍政権のもとでは、図1―2で示したような、いろんな種類の改革案が、（原理的な矛盾や対立をはらんだまま）おびただしく提案され、さほど議論も修正もなされないまま、どんどん実施されてくるようになったのです。

ついでにいうと、こういうふうに政治家と官僚との力関係が変わった結果、いろんな弊害も噴出してきました。森友学園や加計学園の事件のように、政治家の意向を官僚が忖度してルール違反のようなことをやってしまうケースも登場してきました。また、国立大学に対する国旗・国歌の押しつけ（二〇一五年）や、教育勅語の教材利用を認めさせようとする動き（二〇一七年）、元文部次官が中学校で行った講演への国からの調査依頼（二〇一八年）など、政治家が強引に教育行政や教育内容に介入してくる事例も目立つようになりました。

四　余裕をつくって下からの改善を

先ほど述べたように、第二次安倍政権のもとでは、いろんな種類の改革案が、原理的な矛盾や対立をはらんだまま、提案・実施されてきています。

第一に、教育委員会制度の改革、公立小中一貫校（義務教育学校）制度の創設、専門職大学や専門職短期大学の創設、大学のガバナンス改革など、経済界のほうから提案されてきていたような案が実施に至っています。第二に、道徳の教科化や家庭教育の充実支援、教科書の検定基準の見直しなど、自民党の保守政治家が望んでいるような教育論に沿った改革も行われています。第三に、給付型奨学金制度の創設、幼児教育・保育の無償化や高等教育段階における教育費負担軽減など、これまでリベラルな人たちが主張してきていた政策案もまた、実施される方向で動いてきています。

しかしながら、「改革」というのは、何でもかんでもやればいいわけではなく、また、どういうやり方であってもやればいいというものでもないのです。その意味で、近年は、危なっかしい改革を無造作にやりすぎてきていると思います。

官邸が強力な権力を持つトップダウン型の時代の教育改革は、ボトムアップ型の政策決定過程の時代とちがって、十分な論議やチェックがないままに改革案が提案され、実施に移されていきます。小泉政権や民主党政権のときとちがって、抵抗勢力が十分な抵抗や拒否をする機会が少ないため、おかしな案がきちんとした修正もなされないで実施されていくようになっている部分があります。たとえば、教育行政学者の荒井英治郎にいわせれば、自民党の教育再生実行本部のほうから出てくる改革案は、「現状認識を下支えする政策的根拠が示されておらず」「実現可能性を度外視したものも少なくない」状況です（荒井 二〇一四）。また、政治主導が一概に悪いわけではありませんが、政策の安定性・

継続性という面では問題がある、という指摘もあります（村上 二〇一三）。

立ち止まって考えるべき問題点はいろいろあります。

たとえば、イデオロギー的に偏った政治家が自らの教育論を教育内容に反映させようとすると、その改革は、多元的な価値を尊重する社会を脅かす結果を生み出してしまうことになります。一九九〇年代末から自民党は右傾化し、野党時代（二〇〇九～一二年）にさらに右傾化を強め、第二次安倍政権はきわめて右翼的な性格を持った政権になりました（中北 二〇一四、山崎 二〇一六など）。政治主導が教育の中身の問題に入り込んでくると、公教育は政治的な中立性を失ってしまいます。特定の人が信じる限定された価値が、公教育で「正しいもの」として教えられてしまうことになるからです。

二〇〇六年に教育基本法が改正されて、たくさんの道徳的な徳目が教育基本法の第二条（教育の目標）の中に盛り込まれました。ナショナリズムや保守的な道徳を教育の根幹に据えたいという自民党の宿願が実現したわけです。しかしながら第二条自体は抽象的な条文ですし、「国と郷土を愛する」以外にもたくさんの徳目が並べられています。教育基本法改正後においても、たくさんの徳目の中の特定のものをことさらに強調し、それを政治的な圧力で具体的なレベルでの教育内容や教育実践に反映させようとするのは、やはり政治的に不当な介入と言われても仕方がないと思います。

また、財政的な効率を重視したネオリベラルな教育改革論がはらむ問題もあります。特に高等教育政策に関しては「選択と集中」ということで、競争や評価の仕組みが一層厳しくなってきています。初等中等教育でも、たとえば、国家戦略特区で公設民営学校が認められました。また、前に述べたように、公立小中一貫校も認められました。義務教育段階の教育供給を多様化し、エリート向けの特別な教育をやらせようという動きは止まっていません。誰もが平等な教育機会を享受する仕組みにとって、どういうインパクトを持つことになるのか、注意していかないといけません。

いろいろ問題のある改革の中で、私が「まともな教育改革論だ」と歓迎したいのは、一人ひとりの子どもへのきめの細かい対応を進める改革と、子どもたちに「主体的・対話的で深い学び」をやらせようとする改革です。それらに関わるのが、高大接続の改革による入試の改革、それを通した高校以下の学校での教育のあり方の改革です。それらがこれからの改革すべきことの本筋だと思っています。

こうした考え方は一九八〇年代半ばの臨教審で打ち出された「個性重視の原則」という考え方に沿って展開してきたものです。臨教審の第一次答申(一九八五年)では、「個性重視の原則は、今次教育改革の主要な原則であり、教育の内容、方法、制度、政策など教育の全分野がこの原則に照らして、抜本的に見直されなければならない」とされていました。一九九〇年代には、この「個性重視の原則」に沿って、いじめや不登校、障害を持つ子どもや日本語の指導が必要な子どもなどへの対応が改善されてきました。同時に、「関心・意欲・態度」の重視から「主体的・対話的で深い学び」に至るまでの、主体的な学習への転換が図られてきました。

でも、これらの改革にも問題点があります。一人ひとりの子どもへのきめの細かい対応や、一人ひとりの子どもに主体的な学習をさせるために必要な、教える側の条件整備が追いついていないということです。個々の子どもへのきめ細かな対応には、当然膨大な手間がかかります。一人ひとりの子どもに主体的に取り組ませるためには、教員の側の学び直しにも授業の工夫や準備のためにも、膨大な手間がかかります。一斉授業と集団学習でやってきていた一九八〇年代までの教職員定数の考え方を抜本的に転換する必要がありました。にもかかわらず、十分な教職員の増加が図られてきませんでした。

あれこれ改革による新しい課題は上から降ってくるし、個々の子どもへのきめ細かな対応は欠かせなくなってきているし、教え方の高度化はもとめられるようになってきている。にもかかわらず、教職員定数の抜本的な改善はなされない――そのツケは、個々の現場の教職員のほうに降りかかってきます。教職員の多忙化や超過勤務問題が噴き出すに至っているわけです。結局の所、一番大事なことがなされていない。それは教育にしっかりと国がお金を出す、ということです。

この点で、興味深いヒアリングの結果があるので、それを紹介します。私は仲良しでもあり論敵でもある寺脇研さんに誘われて、元文部省幹部だった菱村幸彦氏、御手洗康氏とのヒアリングにご一緒させてもらいました。私が二人に尋ねたのは、臨教審で「個性重視の原則」が出てきたときに、教職員定数の抜本的な見直しが必要だという認識が文部省の側にあったのかどうかということでした。

【菱村幸彦氏（臨教審第一次答申当時、初等中等教育局審議官）】二〇一七年一月二三日聞き取り

広田　個性を重視する教育というと、一人ひとりに丁寧に教えることも含めて、資源が必要な教育への転換を意味していると思うんです。初中局として個性重視の原則という教育の考え方をどう受け止めたかということをお聞きしたいんですが。

菱村　初中局としては、それはどうぞという感じでした。個性重視の教育はいままでも学校教育の中でやっていますからと。特別に何かやらなければいけないという認識はまったくありませんでし

た。

広田　ああ、そうですか。実は、私はコンセプトの登場を契機に文部省には特別なことを手がけてほしかったと思っています。定員を四〇名にして(四〇人学級)、ようやくそれが進んでいる時期ですが、一人ひとりの個性を重視するとなると、もっとたくさん先生が必要になるだろう……と思うんですけれど。

菱村　とにかく臨教審をなるべく敬遠したいという気持ちがあって、それを利用して何かを要求するとか、そんな考えはありませんでした。(寺脇編 二〇一七、三七頁)

【御手洗康氏(臨教審第一次答申当時、大臣官房総務課審議班主査)】二〇一七年一二月二二日聞き取り

広田　前々から疑問があるのですが、昭和六〇(一九八五)年の臨教審第一次答申で「個性重視の原則」というものが出てきますが、あそこである意味、教員の定数の考え方を変えなければいけなかったんじゃないかと、私などは思うんです。いまのお話ですと、標準法があってそれを改善していくという流れですが、実際に個性を重視する教育はものすごく大変なことで、教員定数の考え方や原理で抜本的に見直すようなことが必要だったんじゃないかと、後知恵で思いますが、どうなんでしょう。

御手洗　個性重視、国際化、それと生涯学習体系への移行、これは一つのキャッチフレーズで間違いなくその後の教育行政の旗印として、大いに使ってきたものだとは思います。ただ、外から見るとそうおっしゃるかもしれませんが、標準法という世界は三兆円という予算の積み上げなんで

す。その積み上げの仕方というのは学級数に応じて係数を乗じると。外部からは本当にわけがわからない形になっているんですが、つくるときはそれなりの方式でつくってきているわけです。そのうえで、全国の公立学校の九〇万人ぐらいの教員定数が決まっているんです。それを抜本的に見直すというのは、これはとてもじゃないですが不可能です。あの厳しい財政状況の中で一からつくり直す膨大な作業をやって財務省〔当時の大蔵省〕に認めさせるというのは、実務をやっている人間からすると考えられません。

従って、三五人学級が現場のニーズではあるけれど、それも財政的に応えられないとなると加配という形でクラス編成を弾力化しなさいと、そこに踏み出したことで、その後わずか一〇年ぐらいで総額裁量制のところまでいくわけです。（寺脇編 二〇一九、三一～三二頁）

本当だったら、「個性重視の原則」が打ち出された一九八五年の時点で、国は教職員定数の考え方を大きく転換する必要がありました。でも、それがなされないまま、個別の課題に対して少しだけ加配教員の定数を認める、という形でずっとやってきたのです。

粘り強く加配教員のための予算措置を要求し続けてきている文科省（文部省）の努力には頭が下がります。こぼれた小銭を集めるようにコツコツと加配を積み上げてきて、義務教育に関しては、ようやく二〇一七年にはその後の一〇年間で加配定数（二〇一六年度六万四〇〇〇人）の三割が基礎定数に繰り入れられることが決まりました。高校のほうも少人数指導や特別な学科等に対する加配措置がなされてきています。

しかし、私に言わせると加配の現状は、まったくの「焼け石に水」です。そもそも現場での多忙さや超過勤務を解消するまでのレベルにすら至っていないから、教員の側に余裕が生まれるほどになっていません。二〇一九年一月には、中教審答申「新しい時代の教育に向けた持続可能な学校指導・運営体制の構築のための学校における働き方改革に関する総合的な方策について」が出され、教員の超過勤務を減らすための諸方策が打ち出されました。それ自体は結構なことです。しかし、同時に出された文科省からのガイドラインが、所定の勤務時間を超えた教員の「在校等時間」が一カ月四五時間を超えないようにという線でとどまっているように、打ち出された諸方策を全部実施していっても、教員の側に余裕が生まれるとは考えにくい状況です。

すでに現場の教職員はアップアップの状態です。にもかかわらず、もう一方で、教育の質の高度化を図ろうとする改革が進められています。二〇一七・一八年の学習指導要領の改訂では、授業時数は増やされるし、「主体的・対話的で深い学び」への転換がもとめられているのです。日々、終わりのない仕事に追われている教職員に、非常に高度な要求が行政側から出されてきているわけです。

旧来の詰め込み教育を見直して、「関心・意欲・態度」を評価しようということになった一九八九年の学習指導要領の改訂以来、「生きる力」「ゆとり教育」「思考力・判断力・表現力」「主体的・対話的で深い学び」など、主体的な学習への転換がくり返し強調されてきました、でも、それがなかなか現場で広がっていかない原因は、教師の怠慢や無能という問題としてではなく、教職員定数の考え方の思い切った見直しをしてこなかった国の責任として考える必要があるように思います。

現在進められている、幼児教育・保育の無償化や高等教育段階における教育費負担軽減など、大幅な教育予算の増額は、これまで教育費を家計で負担してきた、子どもを持つ家庭にとってありがたい改革です。それはそれで結構なことです。しかし、これからの子どもたちに提供される「教育の質」の部分を改善していこうとするならば、教育を提供する側である教職員の状況が改善されねばなりません。全国の普通の教員が、一人ひとりの子どもの抱える問題にきめ細かく配慮しながら、同時に、個々の教員のレベルで目の前の子どもの状況に応じた新しい教材づくりや教え方の工夫がやれるようになることが、「教育の質」の向上に何よりも重要です。

政治主導の時代の教育改革では、思い切った改革が可能です。自民党の政治家のかたがたは、おかしな教育論を教育行政に持ち込むのではなく、首相を動かして、教職員定数の抜本的な改善についての政治的英断をしてほしいと思います。文科省の官僚は財務省の官僚を苦手としています。政治家の決断こそが、財務省の壁を打ち破れるはずです。国が教育への予算支出を出し惜しんでいる限り、教職員はルーティンワークに追われて、教育の質は高まりません。国民の側も、「もっといい教育を」というのであれば、「教育にもっと予算を出して、新しい創意工夫を現場から出せるような余裕をつくってくれ」という世論を形成していってほしいと思います。少子化が進んでいるからこそ、昭和の時代の教育を超えて、どの子どもにも質の高い教育を提供できるようにしてください。お願いします。

（1）　ちなみにこの平等志向は、その後も文科省の官僚に受け継がれているようである。北村（二〇一九、五五～五六頁）は、二〇一六年に実施された調査の結果から、文科省の幹部は「福祉や弱者救済のための教育施策への関心が強く、格差是正志向が強い」と述べている。

(2)　第一次安倍政権もこの手法を継承しようとしたが、小泉政権ほどの成功は収めなかった。たとえば教育再生会議内で足並みの乱れは、上杉(二〇〇七)を参照。

文　献

荒井英治郎 二〇〇八、「中央政府における教育政策決定構造の変容――「教育の供給主体の多元化」をめぐる政策過程に着目して」『教育学研究』第七五巻第一号、日本教育学会。
荒井英治郎 二〇一四、「政治主導型教育改革の正統性・正当性――コア・エグゼクティブの態様変化」『学校教育研究』第二九巻、日本学校教育学会。
伊藤正次 二〇一九、「組織間関係からみた文部科学省――「三流官庁」論・再考」青木栄一編著『文部科学省の解剖』東信堂。
上杉隆 二〇〇七、「暗闘 教育再生会議の内幕」『文藝春秋』第八五巻第四号、文藝春秋社。
W・K・カミングス、友田泰正訳 一九八一、『ニッポンの学校――観察してわかったその優秀性』サイマル出版会。
北村亘 二〇一九「文部科学省の格差是正志向と地方自治観」青木栄一編著『文部科学省の解剖』東信堂。
志水宏吉 二〇〇九『全国学力テスト――その功罪を問う』岩波書店。
清水真人 二〇〇五『官邸主導――小泉純一郎の革命』日本経済新聞社。
鈴木大裕 二〇一六『崩壊するアメリカの公教育――日本への警告』岩波書店。
曽我謙悟 二〇一九、「サーベイにみる文部科学省官僚の認識と行動」青木栄一編著『文部科学省の解剖』東信堂。
寺脇研編 二〇一七『戦後教育課程行政ヒアリング記録　菱村幸彦(元文部省初等中等教育局長)』日本大学文理学部広田研究室発行。
寺脇研編 二〇一九『戦後教育課程行政ヒアリング記録　御手洗康(元文部科学事務次官)』日本大学文理学部広田研究室発行。
R・P・ドーア、松居弘道訳 一九七八、『学歴社会――新しい文明病』岩波書店。

中北浩爾　二〇一四、『自民党政治の変容』ＮＨＫ出版。
中澤渉　二〇一四、『なぜ日本の公教育費は少ないのか――教育の公的役割を問いなおす』勁草書房。
中嶋哲彦　二〇一三、「新自由主義的国家戦略と教育政策の展開」『日本教育行政学会年報』第三九号、日本教育行政学会。
広田照幸　二〇〇四、『思考のフロンティア　教育』岩波書店。
広田照幸　二〇〇五、『《愛国心》のゆくえ――教育基本法改正という問題』世織書房。
広田照幸　二〇一五ａ、『教育は何をなすべきか――能力・職業・市民』岩波書店。
広田照幸　二〇一五ｂ、「社会を創る「大人」を育てる高校教育」北海道高等学校教育経営研究会編著『高校生を主権者に育てる――シティズンシップ教育を核とした主権者教育』学事出版。
広田照幸　二〇一九、「多元化した社会における道徳教育に必要なこと」『九州教育学会研究紀要』第四六巻、九州教育学会。
前川喜平　二〇〇二、「文部省の政策形成過程」城山英明・細野助博編著『続・中央省庁の政策形成過程――その持続と変容』中央大学出版部。
待鳥聡史　二〇一二、『首相政治の制度分析――現代日本政治の権力基盤形成』千倉書房。
村上祐介　二〇一三、「政権交代による政策変容と教育政策決定システムの課題」『日本教育行政学会年報』第三九号、日本教育行政学会。
矢野眞和・濱中淳子・小川和孝　二〇一六、『教育劣位社会――教育費をめぐる世論の社会学』岩波書店。
山崎雅弘　二〇一六『日本会議――戦前回帰への情念』集英社。
デイヴィッド・ラバリー、倉石一郎・小林美文訳　二〇一八、『教育依存社会アメリカ――学校改革の大義と現実』岩波書店。
Adamson, Frank, Björn Åstrand, Linda Darling-Hammond eds. 2016, *Global Education Reform — how privatization and public investment influence education outcomes*, Routledge.

Lubienski, Christopher 2015, "Privatising form or function? Equity, outcomes and influence in American charter schools", Macpherson, Ian R. G., Susan Robertson L., and Walford, Geoffrey(ed.), *Education, Privatisation and Social Justice — Case studies from Africa, South Asia and South East Asia*, Routledge, pp.78-93.

Waslander, Sietske 2010, "Markets in Education: An Analytical Review of Empirical Research on Market Mechanisms in Education", OECD Education Working Papers, No. 52.

2　日本の公教育はダメになっているのか
——学力の視点からとらえ直す——

(1) PISAとTIMSS

日本の公教育はそれなりによくやっている。ここでは学力の問題を中心に論じてみる。

世間の多くの人は、「日本の子どもたちは学力が低下している」と思い込んでいる。私が面倒を見ている学生も、「学力低下の現状について卒業論文を書きたい」と相談に来たりする者がいる。

しかしながら、近年のトレンドとして、小中学生の学力が低下していっていることを裏づけるデータは存在しない。二〇〇〇年から始まった三年ごとのPISA調査では、二〇〇三年の調査で日本の数字が急落して、「学力低下だ」と騒がれた。「学力が低下している」という印象は、このときのインパクトが大きかったのかもしれない。しかしながら、この結果には重要な背景がある。二〇〇〇年調査の日本のサンプルは抽出の手続きが不完全で、比較的優秀な層に偏っていたのである（有元 二〇一〇）。だから、二〇〇三年調査における点数の「急落」は錯覚であった可能性が高い。

なお、二〇〇三年調査以後の得点は、全体としてみると高い水準を維持し続けているし、じわじわと上がっているものもある。PISA二〇〇九年調査の結果についてのOECD（経済協力開発機構）レポートは、日本国内のメディアの空騒ぎとは異なり、次のように冷静な分析をしている。

「日本のパフォーマンスは低下している」という一般的な認識があるけれども、PISAの結果は、二〇〇〇年調査以来、読解力で平均点よりも約二〇点上の、高いパフォーマンスを維持している。数学や理科のパフォーマンスでも、PISAが傾向を測り始めた二〇〇三・二〇〇六年以降、おおむね変化なしできている。(http://www.oecd.org/document/61/0,3746,en_32252351_32235731_46567613_1_1_1_1,00.html)

国際学力比較調査には、もう一つ、カリキュラムの習熟度(いわゆる旧学力)をみるTIMSSがある。二〇〇九年に実施されたTIMSS調査の結果が、二〇一二年一二月に公表されたけれど、そこでも、日本の小中学生の数学はトップランクだった。しかも標準化された得点では小学生の算数や理科が有意に上昇した。この結果について、教育社会学者の耳塚寛明は「課題は垣間見えるものの、日本の子どもの学力が、世界トップレベルにあり続けていることは紛う方なき事実である」(耳塚 二〇一三)と述べている。

このように、国際比較調査をみる限り、「日本の子どもの学力は低下の一途をたどっている」というような、根拠のない現状認識は払拭されねばならないだろう。

(2) 勉強時間の減少、関心や意欲の低さ

もちろん、「学力低下」を主張したい人たちからは、いろいろな「反論」が出されるだろう。たとえば、「昔の子どもたちはもっと勉強していたぞ」という議論がありうる。厳密な比較は別の機会にゆずるが、いくつかの学習時間の調査からは、一九七〇年代ぐらいの子どもたちに比べて近年の子どもたちの学習時間が短くなっていることはうかがえる。二〇〇〇年前後の「学力低下論争」のときに注目されたのも、学習時間の減少、特に社会階層が低い層や、学力の低い層での学習時間が一九八〇年前後の調査と比較して減少している、という知見だった(苅谷・志水編 二〇〇四など)。

学校外での子どもの学習時間の減少は、確かに問題ではある。子どもたちにはもっと勉強してほしい、と私も思う。しかし、その問題は、カリキュラムをいじったり、教員の尻を叩いたりしてなんとかなるという問題ではないというふうに私は思う。

一九八〇年代ぐらいまでは受験競争が熾烈で、勉強の目的とか面白さとかは関係なく「ともかく勉強しなければならない」という暗黙の規範が子どもたちに浸透していた時代だったからこそ、学校での勉強とは別に、子どもたちは机に向かっていた。一九九〇年代以降、少子化で受験競争が緩和され、青少年の世界の「コンサマトリー化」(消費社会における即時的な充足感をもとめる消費者化)が進むと、無意味に映る勉強にはなかなか取り組めなくなっているのは、社会の変化が生み出した、ある意味で自然な帰結かもしれないのである。

この点と関わって、国際比較調査の結果からよく言われるのは、「点数が高くても、意欲や関心が低い。それが問題だ」という議論である。確かに問題である。ＰＩＳＡやＴＩＭＳＳの結果でもう一

つ顕著なのは、日本は韓国などとならんで、数学や理科の内容への興味や関心が極端に低い。しかも、TIMSSでみると、二〇〇三年よりも二〇〇九年ではそれらの教科を「好き」と答える割合が低下している。

ただし、以前の学校教育では学ぶ内容に対する関心や意欲が高かったのかという問題は、きちんと検証される必要がある。一九七〇〜八〇年代に行われた児童・生徒を対象にした多くの質問紙調査をみると、子どもたちは「勉強が楽しい」などと思ってはいなかった。学校へ来る楽しみは、「友だちと会える」とか、「休み時間に遊べる」とかいうふうなもので、「授業が楽しみ」という子どもたちが多かったわけではない。教育内容への関心や意欲の低さは、知識の詰め込みに重点を置いてきた明治以来の日本の学校教育が抱える宿痾《しゅくあ》のようなものであると言えるだろう。

しかしながら、考えてみると、関心も意欲も低く、勉強時間も減少している子どもたちを相手にしながら、日本の学校教育はかなり高いパフォーマンスを達成し続けている。これは驚くべきことだ。PISA二〇〇六年調査で子どもたちが一週間にどのぐらい理科を勉強するか（総学習時間）をみると、三八カ国中で最短であり、しかも、総学習時間に占める理科の授業時間の割合は他の国よりも圧倒的に多い。つまり、日本の子どもたち（一五歳）の多くは学校の授業でしか理科を勉強していないのである。授業以外には勉強していないにもかかわらず、国際比較で高得点をたたき出しているということは、魔法か手品のような話だ。関心や意欲の乏しい子どもたちに、それでも高い得点をとらせているということは、算数・数学にもいえる。

学力が落ちていっているわけでもないし、教育内容への関心や意欲が低く、家でもあまり勉強しな

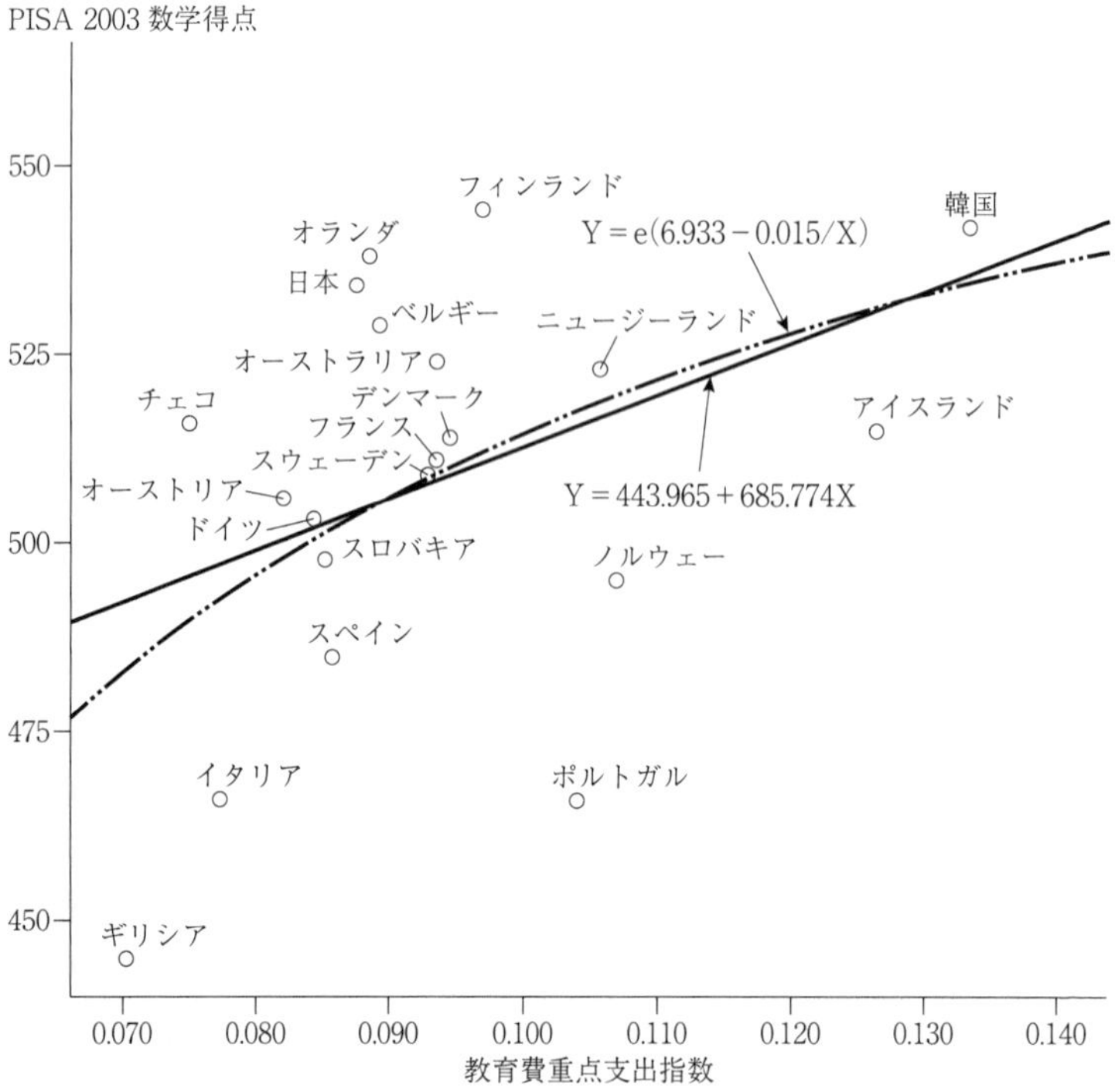

図 2-1　教育費重点支出指数と PISA 2003 数学的リテラシー平均得点の散布図

い子どもたちを相手にして、日本の学校は、国際比較で上位のスコアを維持している。日本の学校の教員はよくやっている、というのが私の率直な感想である。

もう一つついでにいうと、日本の社会がこれだけ豊かになり、国家の財政規模が大きくなっているにもかかわらず、教育については十分なお金が回されていない。にもかかわらず、日本の学校はよくやっている、という側面もある。

図2―1は、X軸に公的な財政支出(租税＋健康保険料＋年金保険料)に対する教

育への公的支出の割合を、Y軸にPISA二〇〇三年調査の数学の得点を設定して、各国別の分布を見たものである（筒井・広田 二〇〇九）。X軸は、いわば、国家の財政の中で教育費支出にどの程度重点が置かれているのかを示している。なお、元データには、アメリカとメキシコのデータもあったが、教育費のウェイトが高い割にPISAの点数が低いアメリカと、社会保障関係の支出が極端に小さいために教育費の重点度が高く出てしまうメキシコとを「はずれ値」として外してある。

この図を見ると、全体としてゆるい右肩上がりの傾向がある。公的支出の中で教育費に重点を置く国ほどPISAの得点が高い、という傾向である。そうした中で、日本は、教育費重点度では低いが、その中では得点が高い（図中の直線の上方にある）ことが分かる。国は教育費にあまり力を入れて支出していないけれども、その割には子どもたちは高い得点をとっている、ということである。

（3）何をすべきか

要するに、学力の低下が進んでいるわけではなく、関心も意欲も示さず勉強時間も短い子どもたちに、日本の学校はそれなりに高い学力を身につけさせている。教員の思いきった増員が進まない中で、コストの割には高いパフォーマンスを示しているのが、日本の公教育である。

では、これでよいのか。あるいは、何かするとなると何が必要なのか。

競争や評価で現場を締め上げて、さらなる学力向上をめざせ、という議論が一つある。小泉政権時代の改革論はこれだったし、第二次安倍政権の教育再生実行会議の議論もこの方向に進む可能性がある。私にいわせると、それはただでさえ余裕のない学校の現場をさらに追いつめ、苦しめることになるし、いろいろなしわ寄せ(弊害)が生まれる。

第二の方策は、もっと教育に十分な予算を投入して、潤沢な人員で学力の底上げを図る、という道である。図2―1のX軸で右側に動け、ということである。たとえば、フィンランドでは小学校で勉強についていけない子ども三人ずつぐらいを対象にして放課後の補習をする特別な教員が配置されているが、そういうフィンランドのような教育がもしも日本でもやれれば、子どもたちの学力水準はもっと改善できるはずである。小学校卒業までに子どもたちに身につく学力の平均水準はもっと上がるし、それによって中学や高校での授業の質も高まることになる。

もう一つの方策は、「文化を本来的なやり方で学ぶことに伴う楽しさ」(松下 二〇〇三)を感じられるような授業への転換を行うことである。教育内容に対する子どもたちの関心や意欲をかき立て、自分で自然に「もっと勉強したい」と思わせるような授業につくりかえていくというやり方である。いわゆる「ゆとり教育」がめざしていたものはこれである。ただし、この道は簡単ではない。子どもたちに「学ぶ意義」を実感させるためには、まずは教えている内容の意義を教員自身が広く深く咀嚼《そしゃく》する必要がある。何十年にもわたって積み上げてきた旧来型のノウハウやスキルとは別のものを、日本の教員が探しもとめる必要があるのだ。また、入試の実績やテストの得点ばかりをもとめる世論のまなざしも変わる必要がある。子どもたちに「面白い」と思わせる深い授業こそ望ましい、と。教育再生実行会議が考えている「教育再生」とはまったく対極の方向である。

参考文献

有元秀文　二〇一〇、「原点ＰＩＳＡに立ち返れ――新評価の観点「表現力」とはＰＩＳＡが求める読解表現力である」『教育科学　国語教育』一二月号、明治図書出版。
苅谷剛彦・志水宏吉編　二〇〇四、『学力の社会学――調査が示す学力の変化と学習の課題』岩波書店。
筒井美紀・広田照幸　二〇〇九、「教育予算と教育成果に関する財務省見解についての一検討」『グローバル化・ポスト産業化社会における教育社会学の理論的基盤の再構築に関する研究』(平成一八〜二〇年度日本学術振興会科学研究費(基盤研究(Ｂ)(１))研究成果報告書)
松下良平　二〇〇三、「楽しい授業・学校論の系譜学――子ども中心主義的教育理念のアイロニー」森田尚人他編著『教育と政治――戦後教育史を読みなおす』勁草書房。
耳塚寛明　二〇一三、「ＴＩＭＳＳから見た日本の学力の課題」『月刊高校教育』三月号、学事出版。

3 【対談】新しい学習指導要領は子どもの学びに何を与えるか——政策と現場との距離

氏岡真弓氏(朝日新聞編集委員)との対談(二〇一七年一月一一日)

一 新しい学習指導要領が描く未来図

氏岡　小・中学校の学習指導要領が二〇一七年春に改訂されます。中央教育審議会が二〇一六年一二月に出した答申は「東京オリンピック・パラリンピック競技大会が開催される二〇二〇年から、その一〇年後の二〇三〇年頃までの間、子供たちの学びを支える重要な役割を担うことになる」としています。東京五輪の年に小学校で新学習指導要領が始まり、二一年が中学校、二二年が高校と順次スタートします。

二〇三〇年は人口がいまより約一〇〇〇万人減り、少子高齢化が進みます。グローバル化、情報化も加速し、答申はＡＩについて行数を割いている。広田さんは新しい学習指導要領の描く時代像・社会像について、どう考えていますか。

広田　この学習指導要領について、「物足りない」という意見はあるかもしれません。しかし教育学者の視点から見たときに、時代像・社会像という意味では「それほど悪くはない」というのが率直な感想です。理由は二つあります。

一つは、あまり現在の短期的なニーズを前提としないで、長い視野で未来がイメージされている点です。確かにAIやグローバル化についての記述はみられますが、それ以外の未来像は、あえて具体的に描き込まれていない印象です。

もう一つは、国益中心主義や経済中心主義に偏った目標設定がなされているわけではないことです。むしろ教育それ自体の質の高度化がベースになった議論になっています。

答申全体の基調は、九〇年代以来のリベラルな考え方と二〇〇〇年代に強まったネオリベラルな考え方を合わせたものだと私は感じています。学習指導要領の性格を決めるとき、リベラルな人は、子どもたちが価値の多元性を理解して社会を創造できる人になってほしいと考える。ネオリベラルな人は、知識基盤型社会になるから物事を柔軟に考える優秀な人材が必要だと考える。答申の議論には同床異夢の所がありますが、私はこの答申の中のリベラルな面に期待をしたいと思っています。

ここ二〇年くらい、個々の子どもに学校が向き合おうとする改革が続いてきました。八〇年代の臨教審で「個性重視の原則」が打ち出され、日本の学校教育はその方向に向けて大きく変わりつつあります。その中には確かに大事なものが含まれている。そこに視点を向けたことには好感を持ちます。

氏岡　私は、貧困や格差、環境問題など、社会の負の部分にもっと踏み込んだ記述をしてもらいたいと感じました。グローバル化で社会が分断され、排外主義も台頭しつつあります。子どもたちはそれに直面するわけです。

「持続可能な開発のための教育」（ＥＳＤ）も重要な視点の一つとして取り上げられていますが、環境問題は答申の描く社会像の基調とされるべきテーマではなかったかと思います。

広田　貧困や格差の問題は、学校制度として重要であり、正面に据えるべき問題です。しかし、教育内容の問題においては、どうしても配慮が薄くなってしまうのかもしれません。

確かに環境問題は教育内容として重要ですね。確かにその扱いはＡＩやグローバル化と並ぶぐらいの扱いをしてほしかった。

二　子どもの学びはこう変わる

氏岡　今回の学習指導要領は、三つの大きな転換をしているように見受けられます。

一つ目は、これまでは学習の量をどうするかを問題にしてきましたが、量も質も追求するという構えになっています。昨（二〇一六）年五月に当時の馳（浩）文部科学大臣が「教育の強靱化に向けて」というメッセージを出しました。そこでは「『ゆとり教育』か『詰め込み教育』かといった、二項対立的な議論には戻らない、学習内容の削減を行うことはしない」と言っています。でも、学ぶ量の議論をしないでよいのでしょうか。

広田　そこは大問題です。文部科学省は「計画上は大丈夫」と判断したのかもしれませんが、そんな机上の計画では、現場は大いに困ってしまいます。実際には、教員の多忙による準備不足や生徒の側の消化不良を起こしかねないと感じます。きっと実態との遊離が生じてしまうと心配しています。

氏岡　二つ目は、「何を学ぶか」だけでなく、「どのように学ぶか」「何ができるようになるか」に重点が置かれています。以前の学習指導要領では教育内容を定めていた。その意味では学習者の側に立ち、「何ができるようになるか」という資質能力の視点を取り入れたことで教科や学年、学校段階をまたいでの検討がしやすくなった面もあると感じます。

広田　「何ができるようになるか」という点を重視するコンピテンシーベースの学力観は、八〇年代以降からの世界的な潮流でもあります。これまで日本の学校は知識の伝達を中心にしてきたので、今回の改訂は、明治時代以来の大転換だと言っても過言ではありません。そういう学力観は、教育論的には納得できる面はあります。

ただし、教員の側から見ると、具体的な何かの学習を通してメタレベルの目標を同時に追求することになるから、かなり高度な技術が必要になります。しかも、具体的な学習内容と身につくスキルとの間のつながりが不確定であるなど、教育学的には難しい問題をはらんでいます。たとえば「身近な問題を通して課題解決能力を身につける」という目標を立てた授業をしたとしても、身近な問題の些末な知識ばかりが子どもの頭に残っていくという結果になるかもしれないのです。心配ですね。

氏岡　授業は生もので、教員と子どもの組み合わせによっても変わりますし、なかなか難しいと思います。

今回の転換の三つ目は、学習指導要領と同時に、高校、大学教育、大学入試を三位一体で変えようとする「高大接続改革」を進めることでしょう。

これまで、「入試が変わらなければ高校教育は変わらない」と言われてきましたが、小学校から大学まで一気通貫で大きく変えようとしている点も見逃せません。

広田　高大接続改革については、基本的な考え方は良いと思います。日本の学校教育を長い間縛ってきたのは大学入試でもあるので、そこを変えることなしに教育の日常は変わっていかない。しかしながら、人員も資源も十分手当てする見込みがないままに改革をしようとしているのがいけない。もしも本当に大学入試を変えたいなら、たとえば研修等定数（研修等により現場を離れる教員数を見込んで配置される教員の定数）をしっかり増やせばいいんです。たくさんの高校教員に現場を一年間離れてそれぞれの課題で自己研鑽に努めてもらいながら、高大接続の自由作文の入試答案の採点業務も担当させるなどしてはどうかと思います。

氏岡　今回の学習指導要領で驚いたことの一つは、「どのように学ぶか」という教育方法に踏み込んだ点です。これは、学習指導要領の縛りを緩めようというこれまでの大綱化の流れに逆行するのではないでしょうか。

広田　確かに今回の答申は教育方法や評価に深く踏み込みました。もしもこのままの調子で学習指導要領においても方法や評価について細かく具体的な記述を行うならば、それは重大な問題です。それは、日々の教育課程を行政が統制・介入する土壌になりかねなません。

「試案」だった時期の学習指導要領はそうした記述を含んだものもありましたが、告示化された一九五八年以降は記述が避けられてきました。実は今回も、合田（哲雄）教育課程課長は「学習指導要領が、教育方法について具体的に規定することはない」と明言しています（『教育展望』第六二巻第一〇号）。とはいえ、私は二つの懸念を持ちます。一つには、抽象的にであれ学習指導要領の本体に書き込まれると、それが前例になり、今後もそれをふまえた改訂がなされていく可能性があります。もう一つには、法的拘束力を持たない「解説」「資料」(文部科学省が作成)のレベルで、内容と方法と評価とが細かく対応づけられた記述が氾濫してしまうことが心配です。「解説」や「資料」はあくまで参考のはずのものですが、それが現場での教育のあり方を強く縛ってしまいかねない。

氏岡　「評価」は、これまでの学習指導要領では、中身が決まったあとから議論されましたが、今回は同時でした。ただ、果たしてできるのか、検討が足りないと感じます。

広田　この答申は、評価の所はいけません。CM(カリキュラム・マネジメント)で「どういう力をつけさせるか」を各学校で考えなさいと言っています。そこまでは悪くない。でも、その教育の成果を評価せよという話になっているから、評価するために教育をするというふうな機械的な現象が広がってしまいそうです。そもそも教育することと評価することは切り分けて考えなくてはなりません。知識の有無は測定できるけれど、抽象的な「〇〇力」なんてものは、簡単には評価できません。評価すべきではないものまで評価しようとすることになったら、教育の本質から離れてしまいます。

三　前のめりの改革は、実現するのか

氏岡　学習指導要領には理念優先型と現実優先型があると思います。理念優先型は二〇〇二年の「ゆとり教育」の学習指導要領を想起させますが、実現可能なのか。今回の答申について、その理念と実現可能性をどう考えますか。

広田　細部に気になる点は多々あるものの、理念そのものは、教育学者として共感できる部分が多いです。ただおっしゃるように、実現を保証する条件や仕組みが不十分ですね。そこが問題です。改革を議論する人たちとそのための条件整備・制度設計をする人たちが別々に動いているので、結果的にお金のかからない理念の改革ばかりが緻密化・高度化していってるのかなと思います。結局そのしわ寄せは現場にいくことになります。

少しまとめると、今回の答申の、現場の教育を変えようとする方向や考え方は納得のいくものですが、一つには、国が上から教育方法やその評価方法を含めた教育論を示す形式がはらむ問題がある。国がどこまでやってよいのかという問題です。もう一つには、現場の余裕のなさや疲弊の問題があります。現場にもとめられている水準があまりに高く、余裕のない現場がそれに対応できるか心配です。

現場の教員の裁量のなさや行政の過剰な関与が進んでいることを考えると、答申が非常に詳細に書いてあるだけに、現場が行政に支配されていくことになりかねないですね。あるいは、答申でもとめられた要求すべてに形だけでも応えようとして、形式主義的な教育のやり方がはびこったり、ノウハウ本頼みになったりして、理想と現実のギャップが深まり、成果は上がらず教員も思考停止してしまうことにもなる。

氏岡　答申では第一章に「「ゆとり」か「詰め込み」かの二項対立を乗り越え、「基礎的な知識及び技能」、「思考力、判断力、表現力等」及び「主体的に学習に取り組む態度」から構成される「確かな学力」のバランスのとれた育成が重視されることとなった」と書かれています。新しい学習指導要領は、ゆとり教育をどうとらえていると考えられますか。

広田 「詰め込み学習から卒業する」という理念自体は継承する部分があるでしょう。もともとゆとり教育が目指していた学習は、いろいろと批判が集まりましたが、子どもたちに本当の学びを立ち上げようとする発想は大切なものでした。

ただ、新しい学習指導要領では、学ぶ分量を減少させることで起こるバッシングを回避するために、内容の削減は行わないのでしょう。しかしそれは、先ほど言ったように、しわ寄せを現場の教員に押しつけることになってしまう。

氏岡 また、今回の学習指導要領は、各教科で①知識・技能、②思考力・判断力・表現力、③学びに向かう力・人間性の三つの柱で目指す力を整理しています。

教育基本法の改正を受けた学校教育法に盛り込まれた「学力の三要素」を出発点としていますが、そもそも学力が法定されていることは妥当なのでしょうか。

広田 学力の中身は、本来は教育論の話です。だから理想論的には、学力を法令の次元で規定することは避けるべきでしょう。教育の内容については政治・行政から独立していることが望ましいはずだからです。本来なら文科省の審議会ではなく、たとえば行政から独立した機関、日本学術会議とか、新たにつくる第三者機関とかで議論するというのが考えられます。文科省自体を一般行政から独立した行政委員会、いわば中央教育委員会にしてしまう案も考えられます。

しかし現実には、いまの仕組みのもとでの教育行政は学力観なしには動かせません。教育課程の大枠を決めたり、特定の教育施策を立案する際に、学力の中身を想定するのはやむを得ないと私は割り切っています。ただしその場合も、行政は節度を自覚して、抑制的に行うべきだと考えます。

今回の答申では、先の三要素を各教科に当てはめて、まるでエクセルの一覧表のようにしています。やりすぎです。例示や参考のつもりだと思いますが、現場では無反省にそれに準拠しようとする、機械的な形式主義が蔓延《まんえん》するかもしれません。

教育を考えるうえで陥りがちなのは、全体に通底する理念を、まったく取捨選択することなく個別の教育場面についても当てはめていく〝フラクタル構造〟です。すべてを同型のものとして扱うと、形だけを取り繕う教育になりかねません。

氏岡　今回の答申は、学校教育の外にあるはずの部活動についても教育課程との関連をもとめています。各教科の表も、ものによってはうまく整理できておらず、ぎこちないのに、この通りに授業を組み立てるのは無理があると思います。

広田　そうですね。地方の教育行政が本当にその例示に従うように動いたり、個々の学校がこれに追随したら、上でつくった例示がそのまま無批判に取り入れられて現場を縛ることになります。新しい教育の方向は、力量も労力も必要なことですから、上でつくった例示や参考を現場で全部やろうとすると、ただでさえ疲弊した現場が一層疲弊し荒廃してしまいかねません。

答申で書かれていることを全部やろうとするのではなくて、「自分たちの学校ではここをやろう」という一点豪華主義的な形で、無理のない程度に取り入れていくのが望ましいと私は考えます。

四　主体的な学びを本気で立ち上げるには

氏岡　二〇三〇年を射程に入れた学習指導要領ですが、現在の子どもたちや学校についてどこまで踏まえているのでしょうか。調査では、日本の子どもたちは勉強する意味が感じられず、職業とのつながりも意識できないことが多いと指摘されていますが、改善される見込みはあるのでしょうか。

広田　うーん、難しいですね。まず、「主体的・対話的で深い学び」には、知的好奇心や知の有用性への期待などの動機づけが不可欠です。これからの教員は、いかに子どもたちの興味や関心を誘発するかが重要になりますね。日本の学校は、定期試験や入試などのように「選抜」の有用性や就職や資格の有利さを動機として学ばせてきた歴史があります。でも、それでは、「主体的・対話的で深い学び」にはなりません。知的好奇心とは、知の内容自体に面白さを感じることだし、日常生活から疎遠な知に有用性を期待する期待感の醸成が必要になってきます。その種の学習意欲を創出するには、個々の教員の個々の授業のレベルでかなりの工夫が必要です。

それは、従来の教員のノウハウとはまったく異なるものです。「やらされ勉強」しかしてこなかった子どもたちに対して、どうやって動機づけをするか――。ましてや教員自身が教員採用試験の「対策」に追われて、主体的で対話的な学びを行ってこなかったりしているから、ハードルは高い。教員自身が興味を持っていなかったり理解の浅いものを教えられることは、子どもたちから見ても苦痛でしょう。

氏岡　答申を一読すると、AL（アクティブ・ラーニング）やCMなどのカタカナ言葉が多いことと、「主体的・対話的で深い学び」や各教科ならではの「見方・考え方」、「三つの柱」など抽象的な言葉が散見されます。これらは、今後、一般の社会や教員に理解され、浸透していくのでしょうか。

広田　教育学者としては答申を非常に興味深く読みましたが、確かに現場の教員からは距離感のある内容だと思います。日本の教育は現場主義でやってきたから、教員は自分の専門科目については深い知識を持っていても、それを教育に関する高次の概念に抽象化させる機会が少ないからです。この答申は抽象度の高い概念や理論でつくられているので、個々の教員の日常的な語彙から離れている面がありますね。

とはいえ、この点は教員にも勉強してもらう必要があると思います。抽象度の高い概念や理論を自らの思考のツールにしないと、教員相互で議論もできないし、新しい授業を知的に展開する力量は身につきません。思いつきでいうと、たとえば、教員同士で答申を読んでみて、「ここ、分かんないよ」とか議論をすることから始めてみたらどうでしょうかね。

氏岡　中教審では、業務が多く、とても読み込む時間がないと発言した校長先生がいらっしゃいました。また、現場では「学習指導要領のハンドブックがほしい」という声もあります。学習指導要領自体がハンドブックであるはずなのに、このままだと分量が多すぎ、学校で読み切れないからです。

広田　教員の勤務実態調査を調べると、昭和四一（一九六六）年の時点では自主研修の時間がある程度取れていましたが、最近はほとんどそういう時間が持てないようです。まずは全体として、教員の余裕が必要です。教員が答申を読む時間的余裕すら見出せないようなら、今回の改訂は現場に根づかないでしょう。

しかし新しい教育の考え方を拒否して投げ出すのではなく、すべての関係者が、可能な範囲で努力をしていってほしい。その過程で、教員のあり方が、より創造的な学びを与えるように変化していくかもしれません。

五　裁量は教員を苦しめるか

氏岡　日本の教員は、ＯＥＣＤの国際教員指導環境調査（ＴＡＬＩＳ）でも、参加国中最も勤務時間が長いという結果が出ています。教員自身にゆとりのない中、新しい学習指導要領で示された教育方法は実現できるのでしょうか。

広田　見方によっては資源の乏しい学校現場にすべての困難を押しつける改革だという側面も否定できませんが、私は教員主導で質の高い教育を実現する好機だとも考えています。日本の学校は教員同士で協力し合いながら学校づくりをしてきた土壌がある。取り組み甲斐のある面白い教育を自分たちで創り出していくチャンスにもなりうるとも思うのです。

氏岡　ＣＭは学校単位で教育目標を決めて、共有するということですが、教員の個人の試みや工夫をどこまで認めるのかという問題があります。教員と生徒の信頼関係に基づく自由な裁量をどのように考えればよいのでしょうか。

広田　教育には、学校単位で教員が知恵を絞って良い指導について考える面と、個々の教員が単独で創意工夫をする面の両面があります。これらがかみ合う必要があるでしょう。

今回のような新しい発想を必要とする改革への取り組みでは、教員相互の教育観をすり合わせるというやっかいな作業が必要になりますね。ただ、個々でちがっているのが当たり前なので、細部をあまり決めつけすぎない寛容さも大切です。

氏岡　翻って、最近の教員意識調査では、「裁量は要らない」と答える教員も多く、学習指導要領から逸脱した指導をしたときは教育委員会に指摘してほしいという教員が増えているとのデータもあります。

広田　困りましたね（苦笑）。長い間、行政が教員を縛ってきたから、教員は教育を創造する愉しみを忘れたということですかね。あるいは、工夫して一生懸命やってもやっても新しい改革が降ってくるという「改革疲れ」もあるのかも。

しかし、この種の改革は、個々の教員の力量にかかっているし、きっと面白い仕事ができるはずなんですけどね。教育行政がもしも教員の力量を高めたいならば、教員に裁量を与え、十分な予算をつけて、自由にやらせることが肝要です。

氏岡　国が緩やかに裁量を決めても、地方行政の段階で締めつけが厳しくなっていくように感じられます。

広田　公教育が官僚制の末端に位置しているというベクトルと、教員の専門性・自律性との間のせめぎあいなのだと思います。近年は現場で問題が起きないように……という上からの関与が厳しくなっていますが、行政は現場を管理しすぎないでほしいし、校長は、行政の下請けにならずに、現場の教員の自主性と裁量を尊重する存在であってほしいです。

六 「いい教員」を増やすためには

氏岡 今回の答申は、教員の条件整備についても書いていますが、教員の数は本当に増えるのでしょうか。

広田 この点が一番の問題点です。一人ひとりの子どもに丁寧に向きあって、考えさせたり表現させたりする授業を考えてみると、少人数での指導がどうしても必要で、もっと多くの教員が必要になります。教員の定数についての考え方を抜本的に見直さないといけません。たとえば教員を思い切って倍増したうえで授業負担を三分の二程度に減らし、少人数指導の時間と授業準備の時間とをしっかり確保できるようにすることなどが打ち出されるべきだと思います。条件整備のないままの中途半端な改革は、学力の階層差を広げる危険があります。少しずつ教員を増やすのではなく抜本的な改革が必要であると、世の中の人たちが納得する必要があります。

氏岡 消費増税の見送りなどによって、「ない袖は振れない」という財務省の考え方についてはどう思いますか。

広田 教育についてどれだけの投資を行うかは、政治的な決断・選択で決まるはずです。ほかの分野ではなく、教育にお金をかける社会をつくる意識を政治家がどれほど持てるか。教育の条件を整える政治の役割が問われています。

氏岡 ベテラン教員の退職や非正規教員の多さが社会的に注目される中、文部科学省は教員養成、採用、研修を見直し、教育委員会と大学などが連携し、教員育成指標をつくるなどの改革を進める法律を通しました。ですが、一〇〇万人もの教員を変えることは可能なのでしょうか。

広田　教員全員を単一の育成モデルに沿ってスキルアップさせようという考え方は、適切ではない。そもそも「いい教員」はさまざまなタイプがいて、そこに至るプロセスも多様です。だから、多種多様な機会を用意するべきです。

大切なことは、教員自身が「深い学び」を経験する機会を継続的に用意することです。常に刺激的な学習体験をしている人が、生徒にもそれを教えられるのだと思います。そのためには、自主研修を奨励し、教員同士も忌憚なく教育のあり方を議論できる風土を育てることが条件になるはずです。まずは多忙化の改善が何より急務ですが、そのうえで、学校内外での教員の自主的な研修を促進する仕掛けがもっと工夫されるべきでしょう。

七　新しい学びと格差の拡大

氏岡　ALについては、書店に多くの関連書が並ぶなど、注目度の非常に高い言葉です。既に中教審への諮問の段階からALという言葉が入っていましたが、答申では、「主体的・対話的で深い学び」と言い換えられています。そして文科省はグループ学習だけでなく、先哲の考え方を手掛かりに考える場合も「対話的な学び」として説明するなど、だんだん広く「望ましい授業像」になっていき、焦点がぼやけた印象です。ここまで注目され流行したものを、今後どうするのかなと思ったりもします。

広田 「ALをやれ」というよりは、「主体的・対話的で深い学び」をやれというほうが、いろんな内容や方法を柔軟に考えられるから、ぼやかしたことはむしろ良かったのではないですかね。どう主体的、どう対話的にしていくかなど、教員の考え方や子どもの様子に合わせて、無限の学びのバリエーションを紡ぎ出せるわけですから。

氏岡 現在、日本では子どもの貧困率が一六・三％と過去最高になるなど「子どもの貧困」が問題となっています。経済的に豊かではない家庭の子どもは教育の機会に恵まれず、貧困が世代間で連鎖していく問題が指摘されています。

答申は「主体的に学ぶ姿勢」を積極的に評価するとしていますが、生徒個人の家庭の経済的・文化的な背景が影響し、格差を広げかねないと感じます。

教室での指導がどうなっていくかも気がかりです。いったんブームになったALですが、極端に言えば、ALのような学習方法こそ善であるという風潮にならないでしょうか。

広田 そうですね。この点も大きな懸念です。これまでの研究においても、ALのような学習方法は、家庭の文化・経済面での差や子どもの学力レベルの差を敏感に反映してしまうことが明らかにされています。「主体的に学ぶ」ということを期待した教育方法が、学習が進む生徒と時間を空費する生徒との格差を増幅させてしまう可能性は、残念ながら非常に多い。

ですから、一つには、ほとんどの生徒には従来型の学習が依然として必要なのです。教育方法のすべてをALのような授業にするのではなく、従来型の授業を進行させつつ、その中にこれまでにない学習体験を混ぜる方法が望ましい。さきほど「一点豪華主義」と言いましたが、それでよいと思います。もう一つには、ＡＬのような学習方法を採用する際には、教員は勉強の苦手な子どもの指導法に特に配慮する必要があります。「考えよ」と指示するだけではダメなのです。

氏岡　小学校が不安に感じている部分として小学校英語があります。中教審のヒアリングでも、多くの団体が課題を指摘していました。英語の免許を持っている教員が少ないですし、既に時間割は飽和状態です。英語を教えなければならない高学年の担任のなり手がいない、との声さえ出ています。

広田　そうですね。近年の議論は、何を削るかという議論もないままに進んできた印象があります。改革に必要なことは、何かを新しく加えるときには、ほかの何かをスリムにすることです。期待や理想論を無際限に詰め込んでしまうだけでは、現場はますます混乱するだけです。

氏岡　同様に、プログラミング教育で、論理的に考える「プログラミング的思考」をつけようというのですが(答申、二部一章)、いったい誰がどのように指導するのでしょうか。

広田　いや、これ、何でこんなものが入ったんでしょうかね。教育学的に言うと、無理があると感じます。素材自体がメタ的なものであり、それを通してメタ的な能力を身につけさせるという話なので、小学生とかには非常に難しいでしょう。また、教員の側もこんな高度なことを効果的に学習させられるだけの技量を持つ人がすぐに現れるのか、疑問です。

八　「社会に開かれた学校」とは

氏岡　「社会とのつながりや、各学校の特色づくりに向けた課題」(答申、一部三章二(2))、「社会に開かれた教育課程の実現」(答申、一部四章)など、答申では学校と社会の関係が非常に熱心に記述されています。学校が社会を意識するあまり、社会に合わせる教育課程とならないか心配しています。あるいは、社会に役に立つ人材を早期にもとめているのではないかとの批判もあります。

また、学校が目指す教育と、地域社会からもとめられることとの間に摩擦や弊害は生じないのでしょうか。

広田　教育課程が社会に迎合していくのではないかということですね。この答申では、CMは学校がやり、それを地域に伝えていく形になっているので、社会の気まぐれな欲望や思惑が流れ込むことはないと理解しています。ただ、答申で打ち出された方針でカリキュラムを考えて社会に発信せよとのことなので、世の中の人々はそれとはちがう方向の期待を学校に持つので、摩擦が起きる可能性はあるかもしれません。

具体的には生活上の目先のニーズや進学実績などの単純な物差しを学校にぶつけられると、当然摩擦が起きてくるでしょう。そもそも学校で用意するカリキュラムは、実社会での目先の有用性とは距離があることが基本です。狭い日常生活を超えた知を学ぶのが学校教育の本質です。教育の本質について、社会に理解をもとめたい点です。

九　本気で教育を変えたいと願うなら

氏岡　学習指導要領改訂に向けてさまざまな課題はあると思いますが、最後に文部科学省、教育委員会、学校、教員、保護者や地域社会のそれぞれに対して望むことは何でしょう。

広田　文部科学省に対しては、新しい学習指導要領を簡素にし、解説や資料のレベルのものを現場に押しつけないよう望みます。また、改革を行うためには教員の定数の抜本的な増員が必要であり、世間や財務省を説得すべきでしょう。教員がいかに創意工夫できるようになるか、しっかりとした条件整備と自主的な研修の奨励や保証策を考えてほしい。

教育委員会に対しては、個々の学校や教員の自律性を保証していくことをもとめます。答申や学習指導要領で出されたものを細かく割りつけないこと、どういう教育が行われているかの可視化をもとめすぎないこと、文科省の解説や資料に準拠してしまわないことなど、現場の自由を確保してほしい。また、多忙化の改善、人員の確保などを進め、現場の余裕をつくり出しながら、失敗も許容する姿勢で臨んでほしい。

校長には、教員の多忙化の改善とともに、場合によっては教育委員会や外からの風圧に対して教員を守ること、教員同士の学び合いの土壌をつくること、これまでにない概念や理念について深く学んで理解してもらうことなどでしょうか。

個々の教員は、これからの教育について考え、学ぶ機会を持ってほしい。しかし現実には教員は忙殺されがちなので、すべてをやろうとせず、できることは取り入れるという姿勢も必要です。不可能なことは「できない」と発言することも必要だし、また、新しい教育方法について、その弱点を見極め、子どもの格差を広げないよう配慮することも重要です。

保護者のかたがたについては、目先の短期的な子どもの結果をもとめすぎないことでしょうか。いま変えようとしていることはより長期的で本質的な教育論レベルでの大転換なので、子どもの成長を多面的に見ていってほしいと思います。

地域社会は、質の高い教育には手間暇がかかることを理解して、「先生を増やせ」と言ってほしい。長期的な視野に立って子どもの未来について一緒に考えてもらいたいですね。

全体を通して、今回の答申は教員の挑戦を可能にしてくれる改革ではありますが、周囲の状況や条件次第では失敗しかねないものです。世論が教育への予算増に無関心で、また、学校が取り組んでいこうとしている新しい教育のあり方の意義を十分理解してもらえないと、厳しい状況が生まれます。期待と不安の両方を感じさせる改革ですね。

4　なぜいま教育勅語？

文科省の忖度か

森友学園問題に端を発し、俄に教育勅語をめぐる議論が高まった。

安倍首相は当初、園児たちが教育勅語を暗唱していた森友学園の教育を高く評価していた。率直に言って、教育勅語の暗唱なんて時代錯誤だ。安倍政権はしきりに教育の「再生」という語を使ってきたが、国民を総動員した昭和戦中期の教育に戻そうとするような教育観は、受け容れがたい。

さらに問題なのは、その後の政権の対応だ。閣議決定では、「我が国の教育の唯一の根本とするような指導を行うことは不適切であると考えているが、憲法や教育基本法等に反しないような形で教材として用いることまでは否定されることではない」との見解を示した。また、義家弘介文部科学副大臣は幼稚園などでの教育勅語の暗唱について、「憲法・教育基本法に反しない限り問題ない」と国会で答弁した。文科省も、使用容認とも受け取れるあいまいな姿勢にとどまっている。

文科省のあいまいな姿勢は、教育勅語に肯定的な自民党文教族議員の意向に押しきられたか、あるいは官僚の側が忖度した結果なのではないかと疑われる。

これらの閣議決定や答弁などの問題点は何か。

教育勅語の本質は、天皇家中心の歴史像と天皇主権の社会像を示したうえで、天皇と国のために命をささげることを命じている点にある。「憲法や教育基本法等に反しない形」というが、国民主権、基本的人権の尊重、平和主義を基本理念とする憲法とは内容的に相容れない。歴史の授業で戦前を批判的に捉えるための史料としてしか使えないのは明らかだ。

答弁書等は、憲法公布前の一九四六年一〇月に出された文部省の通牒（通知）が下敷きにされている。しかし、学校現場からの教育勅語の排除や失効を確認した一九四八年六月の衆参両院決議こそが重要だ。参院における失効確認決議では、日本国憲法と教育基本法との制定によって、「教育勅語は……既に廃止せられその効力を失つている」と明言されている。憲法・教育基本法と教育勅語とは並び立たないのである。

二つの問題点

教育勅語の中には現代でも大切な徳目が含まれると言う政治家もいる。稲田朋美防衛相は三月の参院予算委員会で「親孝行や友達を大切にするといった核の部分はいまも大切だ。核の部分は取り戻すべきだ」と答弁した。だが、この考え方には問題点が二つある。

仮に道徳の授業で教育勅語の一部だけを教えたとしても、問題のある部分も一緒に子どもたちの目の前に出される。教える側が意図しなくとも、「天皇と国のために命を尽くせ」という道徳的メッセージが学ばれてしまうことになりかねない。教育社会学で言う所の「隠れたカリキュラム」の悪影響を考えなければならない。

そもそも教育とは、教材を手掛かりに自分で物事を判断できる人を育てるということだ。道徳的な価値観を身につける際も、頭ごなしに「これは正しい」と徳目を押しつけるのでは、自律した人間を育てることにならない。勅語を使わずに親子関係や友人関係などを考えさせることはいくらだってできるはずだ。そのほうが深い学びもできる。

また、閣議決定では、憲法に反する使い方かどうかの判断や不適切使用時の対応について、学校の設置者である自治体や学校法人の判断に委ねるとしている。教育内容の是非をむやみに国が判断しないということだろう。それは確かに一つの考え方だが、自治体や学校法人がきちんとした判断基準を持つのかが心配だ。授業で使うことを容認する事例が出てきたら、現場に混乱をもたらしかねない。

教育勅語をめぐる政権の対応は、戦前の天皇中心の皇国史観、天皇に臣民が従属するという社会観、徳目の押しつけを政治的な圧力で復活させようとする動きだ。自民党が二〇一二年にまとめた改憲草案の前文には「天皇を戴く国家」という文言があり、同じ発想と言える。

改正教育基本法の影

教育勅語を教育の中に復活させようとする政治家の関心は、「徳目をもっと教え込みたい」という欲望である。二〇〇六年、第一次安倍政権下で改正された教育基本法にも第二条で、当時焦点となった愛国心だけでなく、道徳心や公共の精神といったさまざまな徳目が新たに盛り込まれた。

改正教育基本法が施行されて一〇年あまり経っているが、じわじわと教育現場に影響をもたらしている。改正された教育基本法をもとに、学校教育法も改正され、さらに新たな学習指導要領がつくられた。道徳教科化に伴う教科書検定でパン屋の記述が和菓子屋に変わったのは記憶に新しいが、根っこには改正教育基本法の愛国心条項がある。

自民党が議員立法での成立を目指す家庭教育支援法案も、改正教育基本法に盛り込まれた「家庭教育」(第一〇条)の延長上にある。法案では国や自治体の家庭教育支援策への協力を地域住民等にもとめているが、家庭教育への無限定な介入が生じる恐れがある。

道徳の教科化は小学校で二〇一八年度から、中学校で一九年度からそれぞれ始まる。これまで道徳の副読本は使用義務がなかったが、教科化で教科書の使用が義務づけられる。授業内容については教諭の裁量にある程度任されていたが、教科化によって決まった枠の中での授業がもとめられる。

文科省はいまのところ「考える道徳」として、特定の価値観を押しつけるような授業をもとめてはいない。だが、いじめ自殺事件などを契機に「道徳が徹底されていない」などと政治家が介入を強めたり、メディアが同調して世間の不安感をあおったりしたら、徳目をしっかり学ばせようという流れになる恐れは十分にある。

改正前の教育基本法には、政治や行政の介入を防ぐために「不当な支配に服することなく、国民全体に対し直接に責任を負つて行われるべきものである」という文言(第一〇条)があった。戦前の国家が歯止めなく教育現場を統制した結果、軍国主義を招いたことを反省してつくられた条文だった。

改正教育基本法(第一六条)にも「不当な支配に服することなく」は残ったが、前後の表現が変更されたため、法律に基づいて業務を行う教育行政は「不当な支配」の対象にならないという解釈も出てきている。

政治家が行政官をあやつれば、政治家の思惑がそのまま教育に入り込んでしまいかねない時代なのである。

政治との距離感

教育勅語をめぐる問題の背景として、安倍政権になってからの教育政策の決定過程の変化を考える必要がある。

文部科学省はこれまで、教育内容に関わる政策を立案する際、与党の政治家からは一定の距離を置くよう努めてきた。たとえば、具体的な教育内容の作成は、中央教育審議会（中教審）などで、外部の有識者に検討してもらうやり方を取ってきた。

安倍首相の友人が理事長を務める加計学園の獣医学部新設問題で「行政がゆがめられた」と告発した前川喜平・元文科事務次官が二〇〇二年にある論文をまとめている（「文部省の政策形成過程」城山英明・細野助博編著『続・中央省庁の政策形成過程』所収）。一九九〇年代までの教育政策の立案過程が整理されたこの論文には、文部省（当時）の各種の審議会が政治介入の歯止め役を担っていたことが記されている。

大学審議会、学術審議会や教育課程審議会さらには中教審も、ある意味で国民の精神的自由を尊重しつつ中立・公平かつ妥当な文部行政が行われるよう（すなわち、剝き出しの「政治」が文部行政を左右することがないよう）政府を監視する機能を負っていると見ることもできよう。

つまり、当時の文部省は、各種の審議会で重要な方針を審議・決定してもらうことによって、与党の政治家や文部省以外の省庁からの圧力による政策案の押しつけを回避していたという。

一方の安倍政権下ではどうか。予算を握る財務省の影響は確かに大きい。加計学園獣医学部新設について文科省に「総理の意向」として伝えたとされる内閣府や経済産業省も自前の審議会などで教育政策案を提言することがある。だが、教育内容に介入し学校現場のコントロールにも関心を寄せるのは、自民党で教育政策に取り組んでいる「文教族」だ。自分たちがやらせたい教育を学校現場に押しつけようとする。たとえば教科書検定の強化や教育委員会制度の改正といった改革は文教族の意向が反映されている。

安倍政権下では、長期政権となり、支持率も下がらず、この機会を逃すなといわんばかりに、文教族の意向がじわじわと文科省に入り込んでいる。文部官僚は、時間稼ぎや骨抜きなどで政治家からの理不尽な要求をかわす余地が、以前に比べて小さくなっている。中教審などの審議会も、政治的に決定された改革案を追認するだけの下請け機関化してきている。これらは明らかに長期政権の弊害だ。

家族像の押しつけ

自民党の議員は「昔の親はしっかりしつけをしていた」「家庭の教育力が落ちている」などと盛んに言うが、事実誤認に過ぎない。保守層が理想とするような「威厳のある父親が働き、優しい母親が家事・育児に専念する」という家族は高度成長期に広まるまで、都市部の一部の余裕のある階層に限られていた。子どものしつけや教育に時間を割ける家庭は少なかった。

自民党が成立を目指す家庭教育支援法案というのは、国や自治体の支援策への協力を住民にもとめる内容だ。一見すると、家庭教育がよくなるならいいのではと思う人もいるかもしれないが、DV防止法や児童虐待防止法などとちがって家庭に介入する際の条件がない。支援を名目に家庭が無制限にチェックの対象になりかねない。保守層が理想とする家族像の押しつけにつながりかねない。

確かに支援が必要な貧困家庭などはある。それは雇用や福祉で対応すべき話で、家庭教育を変えることが処方箋ではない。

そもそも特定の家族像を押しつけようとするのは、法と道徳の区別がついていないということだ。近代国家では行政が行う領域は法で定めて、「いかに生きるか」といった道徳の部分は市民の自由に任せるのが原則だ。

戦前は法と道徳を区別せずに、行政が庶民生活の細かな所までコントロールする社会をつくってしまった。戦後の憲法や教育基本法ではそれを反省し、市民の自由を尊重して「私」の領域に関わる細かなことは条文に盛り込まなかった。それを戦前のような形に再び戻そうとしている。人権や自由といった戦後改革の重要な理念を掘り崩そうとしている。

民主主義のために

教育勅語や家庭教育支援法案をめぐる問題から浮かび上がるのは、社会にはさまざまな価値観があることを認めないばかりか、ときの政権が「正しい」とする価値観を学校や家庭に教え込もうとする姿勢である。

教育や家庭への政治的な介入が、国家への同調を促す仕組みをつくり上げてしまうことにならないか。国が示した価値を無条件でうのみにし、国民が相互にお互いを監視したり、異端や少数者を排除したりするような流れが強まっているように思われる。もしも教育勅語を子どもたちに暗唱させて、「よい道徳教育だ」と評価されるような教育がなされるような時代になったら、市民の内面の自由も、社会の価値の多元性も、そして民主主義も、失われてしまうことになるだろう。

5 「昔の家族は良かった」なんて大ウソ！ 自民党保守の無知と妄想——家庭教育支援法案の問題点

自民党は今国会(二〇一七年第一九三回国会)で「家庭教育支援法案」の提出をめざしている。この法案に対しては、「改憲への布石」という議論もあるが、ここでは、別の視点からこの法案の問題点を洗い出してみたい。

「家庭教育支援法案」とは何か

全一五条からなるこの法案は、建前上は、家庭教育のあり方自体を細かく定めたものではない。国や地方自治体、学校や保育所、地域住民等が分担・連携して家庭教育を支援する仕組みをつくろうとするものである。この点は注意が必要である。

「家ニ対スル我ガ国固有ノ観念」とか「家族制度ノ真精神」とか「鍛錬ヲ重ンジ」とかが並んでいた戦時中の議論(一九四一年六月教育審議会「家庭教育ニ関スル要綱」答申)に比べると、家庭教育の中身を行政権力が直接いじり回そうとする法案ではないように見える。

ただし、この法案は、家庭教育の中身にまったく触れていないわけではない。「基本理念」を定めた第二条において、どういう家庭教育が望ましいのか、どういう保護者が望ましいのかを間接的に定義してしまっている。傍線を引いた箇所である。狡猾なやり方である。一項は教育基本法の文言をそのままなぞっており、二項はこの法案オリジナルである（傍線は筆者。以下同）。

第二条一項　家庭教育支援は、家庭教育が、父母その他の保護者の第一義的責任において、父母その他の保護者が子に生活のために必要な習慣を身に付けさせるとともに、自立心を育成し、心身の調和のとれた発達を図るよう努めることにより行われるものであるとの認識の下に行われなければならない。

第二条二項　家庭教育支援は、家庭教育を通じて、父母その他の保護者において、子育ての意義についての理解が深められ、かつ、子育てに伴う喜びが実感されるように配慮して行われなければならない。

とはいうものの、このレベルの記述は、まだ抽象的なものにとどまっている。この文面だけ見ると、これを余計なおせっかいと思う人もいるだろうし、この程度のことはもっともなことが書かれていると思う人もいるだろう。「もっともなことが書かれている」と思う人には、ぜひこの続きを読んでみてほしい。だが、私の見立てでは、これはかなりヤバいことが起きてしまう。あとで述べるように、「教育のため」という論理は歯止めが利かないうえ、いかようにも解釈できてしまう。子育て中の家庭へのとめどない行政や地域権力の介入を許すことになってしまうのだ。

改正された教育基本法のその先へ

この法案の性格を考えるためには、この法案がどこから出てきたのかを考えてみる必要がある。

一つには、二〇〇六(平成一八)年に改正された教育基本法から出てきた、という答えを示すことができる。家庭教育支援法案の第一条では、明確に「教育基本法(平成十八年法律第百二十号)の精神にのっとり」と謳われている。この法案の根拠法は、現行の教育基本法である。ちなみに教育基本法第一〇条は次の条文である。

第一〇条　父母その他の保護者は、子の教育について第一義的責任を有するものであって、生活のために必要な習慣を身に付けさせるとともに、自立心を育成し、心身の調和のとれた発達を図るよう努めるものとする。

二項　国及び地方公共団体は、家庭教育の自主性を尊重しつつ、保護者に対する学習の機会及び情報の提供その他の家庭教育を支援するために必要な施策を講ずるよう努めなければならない。

この第一〇条一項の文言は、先に述べた通り、家庭教育支援法第二条一項にそのままコピペされている。この第一〇条二項では「国及び地方公共団体は、……家庭教育を支援するために必要な施策を講ずるよう努めなければならない」となっている。これが、今回の法案につながる動きの根拠になっているのである。

二〇〇六年に改正される前の旧教育基本法では、家庭教育については次のように書かれていた。ずいぶんあっさりと書かれていたことが分かる。これは、戦争中の過剰な統制や干渉に対する痛切な反省から、家庭教育や社会教育など成人を対象にした教育では、行政がふみこみすぎてはいけないという考え方がとられ、あえて「奨励」という線でとどめられていたのである。

旧教育基本法 第七条（社会教育）

家庭教育及び勤労の場所その他社会において行われる教育は、国及び地方公共団体によつて奨励されなければならない。

それに対して、前に見た二〇〇六年に改正された教育基本法の条文づくりには、国民の家庭教育を政治の力でいじり回したいという保守政治家の野心が作用していた。「奨励」では抽象的過ぎて飽き足りない、というわけである。そこで、保護者の責任が書き込まれたうえ、「生活のために必要な習慣」だの「自立心を育成」だのと、教育の中身について書き込んでしまったのである。これが、今回の法案によって、さらにもう一歩、先に進められようとしている。

自民党と文科省——合流した二つの動き

この法案はどこから来たのか？ という問いへのもう一つの答えは、「自民党と文科省だ」という答えになる。ただし、両者は一体ではない。

自民党の議員たちは、保守的な家族イデオロギーから「よい家族」像を決めつけて、家庭教育に行政が関与できる具体的な立法をめざしてきた。自民党が野党になった時期(二〇〇九〜一二年)に、自民党内部は思いっきり右翼的な方向に振れた。そのときに、安倍晋三を会長とする超党派の「親学推進議員連盟」が発足した(二〇一二年四月)。同議連では、「伝統的な子育て」と彼らが考える子育てのイデオロギー(「親学」)を内容として盛り込んだ、家庭教育を支援するための法案づくりが模索された。それがいったん頓挫したあと、昨年(二〇一六年)秋からの家庭教育支援法案の提出の動きは、この人たちが進めているものである。

もう一つの法案づくりに向けた動きは、文科省内部で進んできていた。二〇〇六年一二月の教育基本法改正を受け、二〇〇八年頃から省内で、家庭教育支援のあり方の検討が始められてきていた。二〇一一年度からは、学者や有識者を集めて、次のような検討委員会が検討を進め、報告書をまとめてきた。

二〇一一年度　家庭教育支援の推進に関する検討委員会

二〇一三年度　中高生を中心とした子供の生活習慣づくりに関する検討委員会

二〇一三年度　家庭教育支援チームの在り方に関する検討委員会

二〇一四年度　中高生を中心とした子供の生活習慣が心身へ与える影響等に関する検討委員会

二〇一五年度　家庭教育支援手法等に関する検討委員会

二〇一六年度　家庭教育支援の推進方策に関する検討委員会

これらの検討委員会のメンバーを見ると、意外なことに、右翼的なメンバーはほとんど入っていない。むしろ、リベラルな人たちが大半である。これらの検討委員会では、格差社会の中で取り残されて誰からも助けを得られないような家族に手を差し伸べる、というイメージで、家庭教育支援を議論してきている。いわば、主たるターゲットとして、「生活困難―低学力や荒れ―結果としての貧困の連鎖」といった問題に対する施策として、家庭教育支援を検討してきているのである。

今回の法案に関しては、ひょっとすると、文科省の役人は、自民党の政治家たちの法案づくりに手を貸しているかもしれない、と私は想像している。自民党の先生がたがつくったにしては、家庭教育の内容に関する記述が抑制的であるからである。

つまり、過去の家族を妄想的に理想化する保守政治家の熱意と、現代の格差社会の中で孤立した家族を支援しようとするリベラルな文科省の考え方とが、同床異夢で合体したのが、今回の家庭教育支援法案なのではないか。

「昔の家族は良かった」のウソ

では今回の法案の何が問題なのか。ここでは四つの問題点を指摘したい。

第一に、家族や家庭教育についての認識に問題がある。

自民党の先生がたの「伝統的な子育て」を賛美する「親学」を含めて、「昔の家族は良かった」と

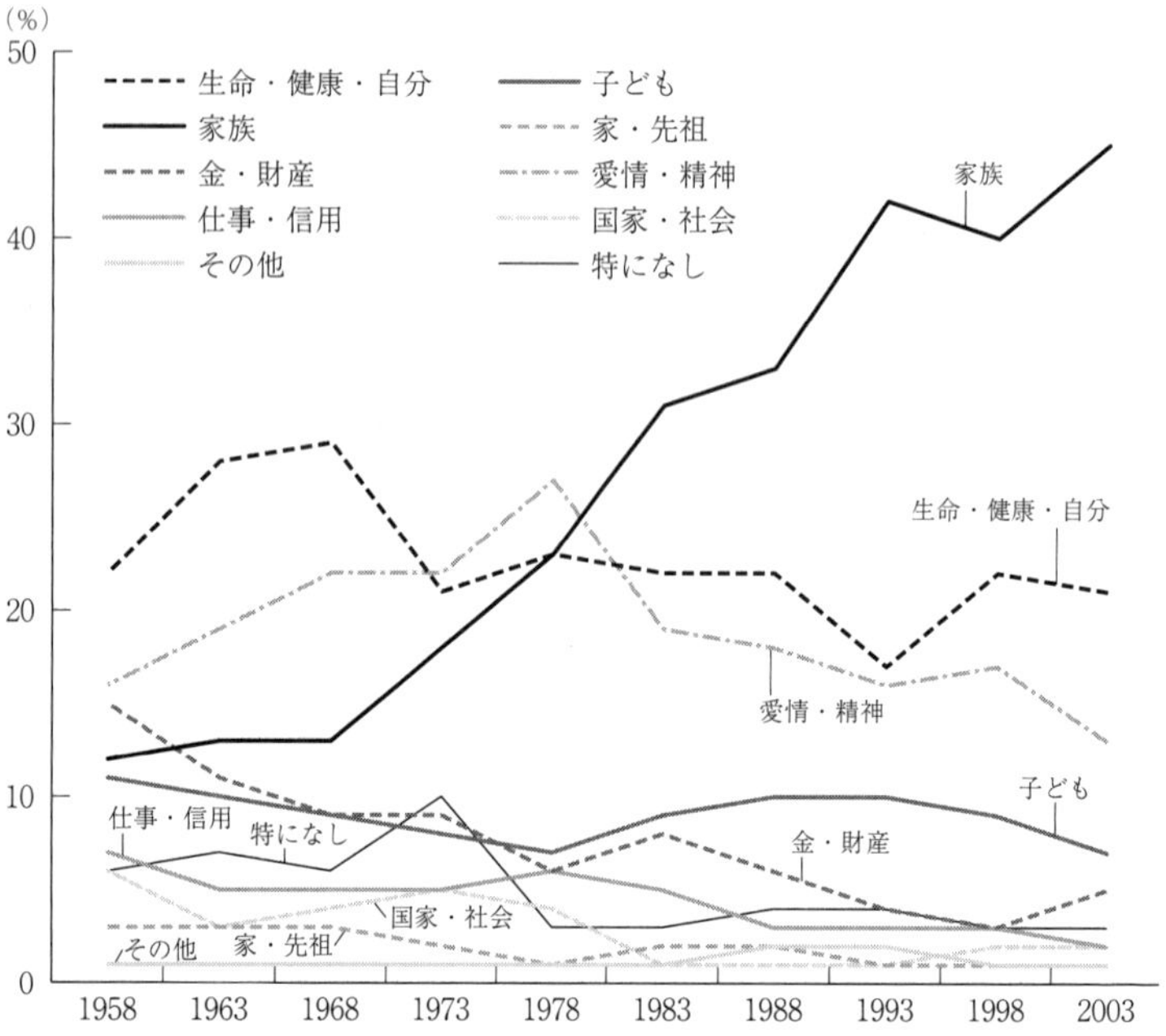

図 5-1 「一番大切なもの」の推移

資料：統計数理研究所「研究リポート 92 国民性の研究　第 11 次全国調査」(2004 年 4 月)

いうのは過去に対する無知と妄想である。「昔は親がしっかり子どもをしつけていた」という命題も「家庭の教育力が低下している」という命題も、いずれもまちがいである。庶民の暮らしを見ると、乳児は兄や姉や子守の背中に、ただ一日中くくりつけられていたし、幼児は親の目の届かない所で放任されていた。親子間の会話は現代に比べてはるかに低調であったし、親には「子どもを理解してやろう」などという姿勢はなかった（広田照幸『日本人のしつけは衰退したか』講談社現代新書、一九九九年、広井多鶴子・小玉亮子『現代の親子問題』日本図書センター、二〇一〇年等を参照されたい）。

「現代の親子関係は希薄化している」「家族のことをかえりみない親が増えている」「現代の青少年は規範意識が薄らいでいる」などというのもウソである。少しだけデータを示しておく。

図5―1は、統計数理研究所が五年おきに行ってきた「日本人の国民性」調査の結果である。「あなたにとって一番大切なもの」として「家族」を挙げる比率が、戦後一貫して増加してきたことを読み取ることができる。「家族こそが一番」という人は増え続けてきているのである。

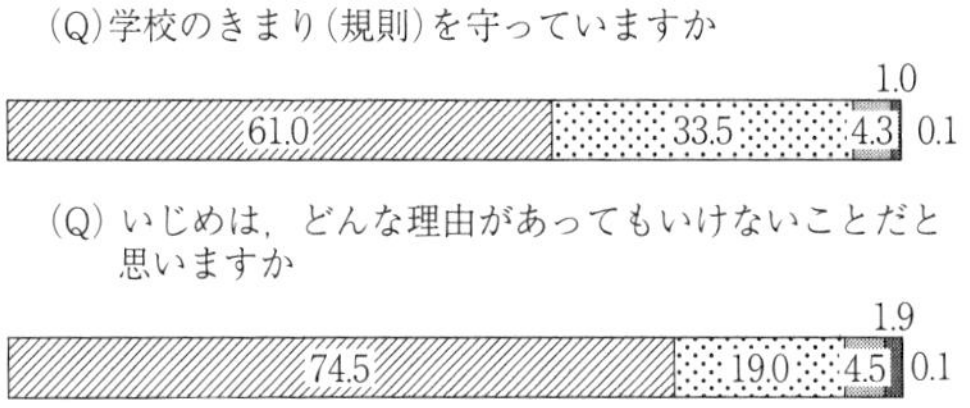

図 5-2　日常生活の規範意識

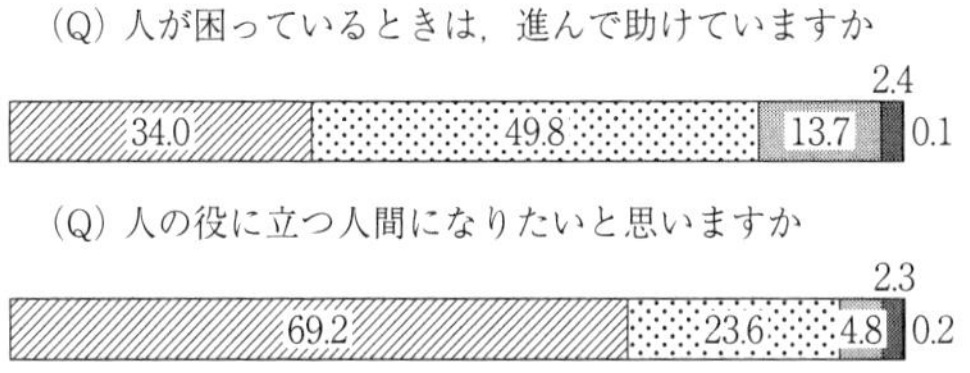

図 5-3　社会生活の規範意識

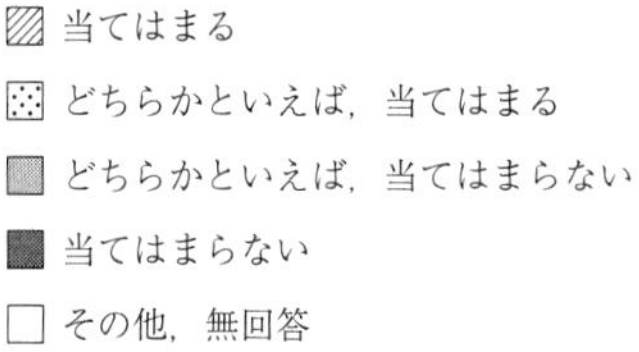

図5―2と図5―3は、全国学力・学習状況調査（いわゆる全国学テ）で、中学三年生に規範意識を尋ねたものである（二〇一六年）。「当てはまる」「どちらかといえば当てはまる」を足した数字で見ると、学校の規則を守っているとか、いじめをいけないことだと思う比率はともに九割を超えている。人が困っているときに進んで助けて

いると答えた割合は八三・八％、人の役に立つ人間になりたいと思っている割合は九一・八％にのぼる。

現代は「家族の時代」だし、大半の子どもは規範意識も含めてまっとうに育っている。少年非行の統計を見ても、過去最低の水準になっている。家庭教育や子育てを論じようとする政治家は、せめてもっと過去の歴史や現在の調査データをきちんと学んでほしい。

とはいえ、現代の家族に問題がないわけではない。文科省の検討委員会で指摘されてきたような、家族の規模の縮小と家族の孤立化、家庭と地域との関係の希薄化（親子関係の希薄化ではない）などは、確かに実証的に見ても確認できる。一部の家庭では、誰からの援助もないまま生活がすさんで、子どもを放任したり虐待したりしている。ではそういう層の家庭に対してどうしたらよいのか。この問いへの答えは最後に論じることにして、もう少し今回の法案の何が問題なのかを考えていく。

家庭教育には多様な考え方がある

今回の法案の二番めの問題は、家庭教育の中身については多様な考え方があることが軽視されている点である。行政が講座を開く際にどういう人を呼んで話をしてもらうのか、あるいは、ＮＰＯや地域の人がどう子育て家庭に関わって支援していくのかという議論の際に、この点が簡単に忘れられてしまうことが危惧される。

図５—４は、少し古い調査になるけれども、「子供は幼い時期は自由にさせ、成長に従って厳しくしつけるのがよい」という考え方に対する賛否を、日本と米国、韓国の間で比較した調査の結果である。子どもを「堕落しやすい存在」としてみる西洋的な子ども観（米国）では、幼い時期には厳しくし

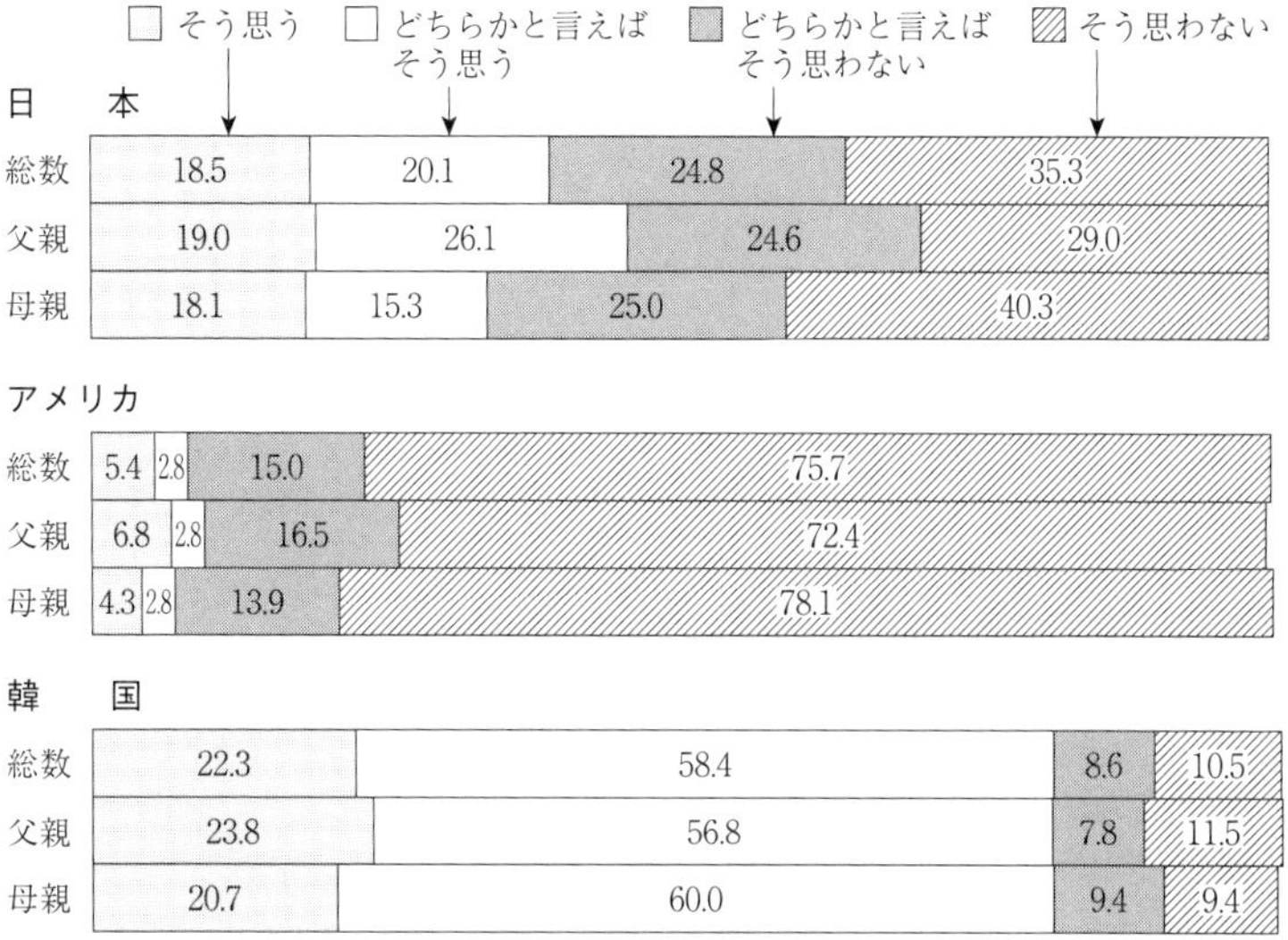

図 5-4　子供は幼い時期は自由にさせ，成長に従って厳しくしつけるのがよい
出典：内閣府「子供と家族に関する国際比較調査」平成 6 年度

つけるべきという考え方が強い。子どもを「まだ分別のつかない存在」とみる東アジア的な子ども観がまだ強い韓国では、幼い子どもに対して自由にさせる割合が多い。それらに対して、日本では、考え方が割れているのが分かる。「どちらかの考え方が正しい」のではない。どちらでもよいのである。

子育てや家庭教育をどうするべきかについては、この例のように、「正しい答えが定まらない」ものは多い。ある状況で子どもを叱るべきか、励ますべきか。話しかけるべきか、そっと見守ってやるべきか。どうすればよかったのか分からないことが多いのである。

しかし、保守派の教育論でも、リベラルな教育論でも、そこに「正しい答え」をすぐに探そうとしてしまう。たとえば、文科省の検討委員会では「効果的な取組を行うための知見・ノウハウ」の検討の中で、どういう家庭教育のやり方が望ましいのかが議論されてしまっている。「家庭教育支援の具体的な推進方策について」(二〇一七年一月)では、「家庭教育に関する多くの情報の中から適切な情報を取捨選択する困難さ」が支援の必要性の説明に使われているから、支援が「適切な」ものを示す、ということになるのは自明視されている。要するに、多様で正答のない子育ての問題について「これが正しい」と決めつけることになるのである。

「望ましい」ことと行政との距離

この法案がはらむ第三の問題は、規範と法との距離がなくなってしまうという問題である。何かが望ましいということと、それを行政がときには権力的に行うということとの間には、本来大きな距離がある。それがそこらじゅうで無視されてしまう事態が起きかねないのである。

法哲学者の井上達夫さんの議論を借りて言うと(『他者への自由』創文社、一九九九年)、次のようになる。

一つには、「ある価値観が端的に(誰にとっても)正しいということと、それを受容することを誰も不公平として拒絶できない理由によりそれが正当化されているということと」は同じではない。私なりにかみくだけば、「郷土を愛することはよいことだ」という命題が一般的にみんなに承認されていたとしても、「すべての人が郷土を愛するべきだ」(郷土を愛さないヤツは問題だ)という命題は正当化されないということである。

もう一つには、「ある価値観が正しいことと、これが公権力によって強行されるのが正しいこと」は区別されなければならない。いわば、「郷土を愛することはよいことだ」としても、「市民全員が郷土を愛するよう市役所が強制してよい」ということにはならない、ということである。

今回の法案を検討した自民党のプロジェクトチームの事務局長を務める上野通子参院議員（元文科政務官）は、「家庭教育ができていない親は責任を負っておらず、明らかに法律（教育基本法）違反。支援法で改めて正す必要がある」と語ったという（『毎日新聞』二〇一六年一一月三日）。そこでは、もはや規範と法とが同一視されてしまうような議論になっている。道徳的にふるまえない親は、行政権力によって取り締まりの対象とされるのである。

歯止めのない「教育のため」という論理

四つめの問題点は、「教育のため」という善意の介入には、歯止めが利かないうえ、いかようにも解釈できてしまう点である。食生活も、生活時間も、家族のライフスタイルも、「教育的にいかがなものか」という批判の対象にされてしまいかねないのである。

とめどない介入の根拠は、すでに紹介した法案の第二条にある。再掲しておくと次の条文である。

第二条一項　家庭教育支援は、家庭教育が、父母その他の保護者の第一義的責任において、父母その他の保護者が子に生活のために必要な習慣を身に付けさせるとともに、自立心を育成し、心身の調和のとれた発達を図るよう努めることにより行われるものであるとの認識の下に行われなければならない。

第二条二項　家庭教育支援は、家庭教育を通じて、父母その他の保護者において、子育ての意義についての理解が深められ、かつ、子育てに伴う喜びが実感されるように配慮して行われなければならない。

これらの文言は、いかようにも解釈をふくらませることができる。目の前のどこかの家庭に対して、これらを使うと、たとえば次のようになる。「お宅の○○は、「自立心を育成」する観点から見て、問題ですねー。改めなさい」、「お宅の××は、お子さんに「心身の調和のとれた発達を図る」うえで問題がありますよ、××ではなく□□しなさい」、「あなたたちご夫婦は、「子育ての意義についての理解」が不十分ですねー。こんど市の講習があるから、参加してください」、という具合だ。○○や××には、「朝食のメニュー」から「お父さんの趣味」まで、いろんなものが入りうる。

DVや児童虐待に関しては、暴力や放任という事実認定をもとに、家庭内に介入が許されている。介入が開始されるための構成要件が明確なのだ。しかし、「教育のため」という論理は、いくらでも拡張した解釈が可能だし、それを止める論理がないのである。現場の担当者の恣意的な解釈を止められないのが、この法案の持つ最も危険な性格である。

危惧される三つの事態

今回の法案では、まだ「正しい家庭教育」像はごく抽象的で、具体的に細かく提示されているわけではないことは先述したとおりである。しかしながら、それが具体的に細かく提示され、個々の保護者に押しつけられる危険性はとても大きい。それは三つのレベルで起きてしまう可能性がある。

第一に、国のレベルにおいて、である。この法案がもしも成立すれば、それを具体的に肉づけするための政令・省令や通知が出されるはずである。そこでは、「正しい家庭教育のあり方」がより詳細に規定され、その方向に向けた「効果的な取組を行うための知見・ノウハウ」が提示されることになってしまうだろう。国が作成していくであろう解説やパンフレット、手引き、好事例集などでは、あからさまに「よい家庭教育のあり方」を特定の像で描いていくことになるはずである。

第二に、今回の法案には「歯止め」規定がないから、地方自治体のレベルで、「正しい家庭教育のあり方」をより具体的に決めつけていくケースがみられるだろう。条例やそれをふまえた行政の運用レベルで、「正しい家庭教育」について、具体的中身を盛り込むことがいくらでも可能なのである。

現在すでに、いくつかの自治体で「家庭教育支援条例」がつくられている。二〇一二年に大阪市で、大阪維新の会が提出を検討した「家庭教育支援条例（案）」に関しては、伝統的な子育てによって発達障害が防止できるという条文が世間から批判を浴びて条例案は撤回された。しかし、すでにつくられた条例の中にも問題があるものは含まれている。

たとえば、「岐阜県家庭教育支援条例」では、「家庭教育」の定義の中に、徳目のようなものが次のように列挙されている。

第二条　この条例において「家庭教育」とは、保護者（親権を行う者、未成年後見人その他の者で、子どもを現に監護するものをいう。以下同じ。）がその子どもに対して行う次に掲げる事項等を教え、又は育むことをいう。

一　基本的な生活習慣
二　自立心
三　自制心
四　善悪の判断
五　挨拶及び礼儀
六　思いやり
七　命の大切さ
八　家族の大切さ
九　社会のルール

他の自治体の条例における簡素な「家庭教育」の定義とはちがって、この条例では明らかに特定の価値にコミットする形で「家庭教育」が考えられている。

また、今回の法案にはない、「親の責務」や「祖父母の責務」などを書き込んでいる条例もある。条例各条にではなく、「前文」において、特定の家族モデルを称揚しているような条例もある。こういうふうに、地方レベルでいくらでも具体的・詳細になってしまうのである。

そう考えると、妙な教育観にとりつかれた首長や議員がいる自治体では、「ワシが考える「真の家庭教育」」が、住民に押しつけられることになっていくであろう。

第三に、「家庭教育支援」に携わる実務家レベルにおいても、「正しい家庭教育のあり方」をより具体的に決めつけていくケースがみられるだろう。すでにある条例を見ていくと、地域の人の関与に関しては、NPOなどと並んで、町内会の人も役割が与えられている。町内会のジイさんがやってきて、「お宅の子育ては……」と説教をして帰る、というふうなことが当然起きそうだ。

文科省の検討委員会では「訪問型家庭教育支援」も提唱されている（「家庭教育支援の具体的な推進方策について」二〇一七年一月）。全戸訪問も地域全戸も、具体的な課題を抱える家庭をターゲットとした家庭訪問も、何でもありとなっている。こういう人たちが、「あるべき家庭教育像」を押しつけない保証はどこにもない。

最悪の事態は、自民党政治家が考えるような妄想の家庭教育論と、文科省が検討してきたような、行政と地域の人による網の目のような「支援」（介入）の仕組みとがドッキングして、全国津々浦々で家庭教育の監視がなされる、という事態である。それは、日本の社会から、「子育ての自由」が失われる状況を意味している。

行政の役割は生活を支えること

最後に私の代案を提示したい。家庭教育への行政による介入は、一般の大人を教育しようとするものなので、すぐれて謙抑的でなければならない。犯罪受刑者に対する矯正教育のような一部の例外を除き、望んでもいない大人を教育してはいけない。そもそも、教育基本法では、「家庭教育」は公の性質を持たないものとして考えられている。まずはそれをみんなが理解するべきである。

家庭で実際に子どもを教育している保護者が、家庭教育をどうやっていけばよいのか迷うことがあるのは通常だし、そういうものだ。迷いがあるのはあたりまえで、前に述べたように「正しい答えが定まらない」のが子育てなのだ。だから、行政であれ、地域の人であれ、「正しいやり方」を押しつけてはいけない。

格差社会の進行の中で、子どもの教育について十分配慮する余裕がないような、深刻な問題を抱えた家庭は確かにある。そういう家庭には支援が必要だ。でもそれを「家庭教育のあり方を指導する」というので解決しようとするのではなく、「生活の立て直し」のためのサポートこそが必要だし、有効なはずだ。きめ細かな福祉や安定した雇用など、生活の基盤を支える行政サービスや、本人たちの切実な必要に応えるボランタリーな支援など、ともかく生活を安定させるということこそが必要なはずである。家庭の置かれた状況が深刻なときに、行政が親を教育して問題を解決しようとするのは、善意ではあってても罪深い考え方である。

6　教育改革のやめ方——NPMをめぐって

教育は hard issue

西日本の某自治体に勤める知り合いから、いやな話を聞いた。彼が勤める自治体の市議連中が、中身もよく理解しないまま大阪の教育条例案に飛びつこうとしている、というのである。あの橋下徹大阪市長が進めているヤツである。次の選挙の目玉公約にできるのではないかと考えているらしい、とのこと。いや、情けない。「あれこれ教育の改革についての検討を進めていたら、それがあった」というのならまだ許せる。そうではなくて、中身も理解せず選挙の人気取りが目当て、というのはひどい。質の低い地方政治家には困ったものだ。

小泉改革から橋下改革まで、この一〇年ほどの教育改革案のかなりの部分は、教育関係者の外から、政治がらみで持ち込まれてきた。政治家が持ち込んでくる教育改革の案は、どんな改革でも、やってみる前の青写真は多くの有権者の目には魅力的に映る。それは良いことだけが起きるシナリオを描いているからである。

政治家たちは、その改革によって何が生じるのか、どういう副作用や弊害が予見できるのかをきちんとシミュレーションしていない。たとえば、大阪の教育条例案でいうと、いくつもの副作用が考えられる。「官僚制の打破」どころか、かえって責任逃れと点数稼ぎのような官僚制の弊害がいっそう強まってしまいかねない。萎縮が起き、志気が下がる。

問題はここからである。「教育論」は誰でも語れるのだが、ある教育改革案の帰結を思い描いて判断することはむずかしい。特に教育関係者でない人たちにはむずかしい。なぜか。それは、教育関係の法令や制度とその実態についてきちんと理解していないと、「その改革によって何が起きるのか」をシミュレーションすることが困難だからである。教育委員会の制度や教員の人事の仕組みがどうなっているのか。どの法令がどう現場に作用しているのか。——教育改革は hard issue（有権者に分かりにくい政策事案）なのである。

本当にＮＰＭで効率性が高まるのか

一九九〇年代から、ＮＰＭ（ニュー・パブリック・マネジメント）という考え方が教育行政の中に入り込んできた。これについて少し考えてみたい。ＮＰＭは、公共部門を民間の手法で運営することによって行政の効率性を高めようとする考え方である。

教育に導入されるＮＰＭには二つのやり方がある。民営化やＰＦＩ（民間資金による公共施設等の建設・運営事業）のようなやり方と、評価のサイクルをまわして外部からチェックをしたり、内部の改善を促したりするというやり方との二種類である。ともに近年の教育改革の中で議論され、部分的に制度化が進んできている。国立大学の法人化だとか、株式会社立の学校の導入とか、何重にも広がった評価の仕組みとか。

とはいうものの、本当にＮＰＭで効率性が高まるのかどうかは、議論がある所である。私の感覚では、どうも机上の空論のような怪しさを感じてしまう。市場原理や競争のポジティブな面ばかりが強調されているようだし、「民間の経営手法」があまりに理想化されているようにも思われる。

小中学校も大学も、この一〇年ほどの間に、いろいろな形で組織のパフォーマンスについての評価の仕組みが導入されてきた。それは、ＮＰＭの急所の仕組みの一つである。組織のパフォーマンスを評価し、効率性を保証するのが評価の役割である。

しかし、評価を通して仕事が効率的になったという話を聞くのはまれである。むしろ、耳に入ってくるのは、評価に関連した会議やら書類作成やらに多大な時間が割かれるようになったとか、評価に対応するために新しい業務を追加的に始めることになったとか、そんな話ばかりである。

「徹底した評価を」と唱える政治家や審議会のセンセイは、ぜひご自分で評価を受ける当事者になってみてほしいと思う。山のような書類をつくらされたり、改善案をめぐる果てしない会議につき合うような経験をしてみれば、少しは目が覚めるかもしれない。

ＮＰＭの失敗

「ＮＰＭの失敗」を研究している行政学者Ａ氏に、一杯呑みながら突っ込んでお話をうかがう機会があった。学校評価とか国立大学法人評価や認証評価などに関わる問題を考えていたら、ＮＰＭの理論的な難点が気になったので、評価のあり方を中心に、Ａ氏に話をうかがうことにした次第である。

Ａ氏が語ったのは、評価のサイクルが行きつく果てについてだった。「いったん動き始めると、止める装置がない。しかも、評価の信憑性に絶えず疑いが提起される。評価は多元化して、評価のための官僚制が何重にもなる。評価疲れや評価の形式化が進む。そしてやがては失敗する」。なるほど。

その失敗はどういう形で訪れるのかと尋ねてみた。A氏の答えは次のようだった。「評価のサイクルは作動しているにもかかわらず、さまざまな組織問題は起こり続ける。何かを改善することが別の新たな問題を生んだりするためである。評価機関は自らの存続のため、新たな問題点を掘り出す。また、コストを考えた非正規化でメンバーの質が下がったり、評価対応で疲弊したりして、いずれは組織がボロボロになり、メンバーのモラール(志気)が低下する」と。

いやなシナリオだ。行きつく所まで行くしかないのか。「止める装置がない」というのは、原発以上に欠陥を持ったシステムではないのか。ブレーキを持たない、暴走するだけのシステムである。

そういえば、高等教育研究者として高名なM・トロウが、一九九六年に書いた論文で、「外部からアカウンタビリティをもとめるような仕組みで、大学教育が良くなるわけがない」と喝破していた。アカウンタビリティをもとめる仕組みが、かえって高等教育に対する信用(trust)を掘り崩してしまう、というのである。評価システムに代表されるNPMは、その種の不信感を増幅させる仕組みである。頭がくらくらしたのは酔いのせいだけではなかったろう。

評価システムのやめ方

評価のサイクルは、止める装置がないまま不信を増幅していく。結果的に何重もの評価が積み重なり、組織を疲弊させていく。そうした「NPMの失敗」をどうしたらよいのか。私はA氏にこの点を食いさがって質問してみた。「何か止めるやり方があるでしょう。教育の世界でいうと、評価に振り回されている全国の学校や大学が、どこもボロボロになるまで行くんですかね」。

Ａ氏の答えは次のようだった。「ないことはない。一つは、やめるという選択を政治レベルですること。「問題が多いからやめます」と」。

それは確かにそうだ。制度の見直しは政治家の決断にかかっている。とはいえ、政治家が「やめよう」と言い出すためには、現場がどうしようもない状態になって、かなりの失敗の事例が明るみに出たりする段階まで行かないと困難な気がする。

「もう一つあります。別のマネジメントの論理が出てきて、ＮＰＭでは組織を守れなくなるような事態です。別のマネジメントの論理に乗り換えるということです」。

なるほど。別のやり方で組織活動の質が十分確保されるようになれば、評価を使った仕組みは余計で不要なものになるかもしれない。

まあ、でもすぐにそんなマネジメントの新しい論理が出てくることは期待できない。もちろん、日本の学校や大学が致命的な荒廃に至る前に、欧米で大失敗が積み重なって、ＮＰＭ信仰が過ぎ去ってしまう可能性はある。ただし、それはもう少し先のことになるだろう。

すぐにサイクルを止めるのが難しいとすると、組織が直面するリスクに「官僚制の失敗」「市場の失敗」だけでなく「ＮＰＭの失敗」も含めて考えながら、そのどれもが致命的なものにならないように、当面はバランスを考えていかないといけない。評価についても、そのサイクルが暴走しないような制度論が必要である。

Ⅱ

教育行政と学校

7　地方の教育行政に期待するもの
――新しい時代の学校教育――

はじめに

ご紹介いただきました広田です。よろしくお願いします。

私は一九五九（昭和三四）年に広島県の山奥の比婆《ひば》郡東城《とうじょう》町という所で生まれました。山に囲まれた盆地の町で、幼稚園から小学校ぐらいまでは、夏になるとセミ取りで山を走りまわったり、川に小魚を取りに行ったりする、という生活をしておりました。それで、小学三年生の終わりに、親の転勤で岡山県の倉敷市に引っ越しました、倉敷市で生活しているうちに、次第に田舎っ気が抜けたと自分では思っていたのですが、大学進学で東京に出てきたらまるっきり田舎者だったりしたのです（笑）。

けれど、そういう中でやはり自分の昔の教育とかを、懐かしんだりするわけです。小学校に入ったときには石炭ストーブがありまして、ストーブ係かなんかで、朝バケツに石炭を入れて運びました。同級生が授業中についうんちをしてしまって、教室が大騒ぎになったこともありました。振り返ると懐かしいことはいっぱいあるのです。

なぜこんな話から始めるかというと、教育に関して昔を振り返ったりすると、つい過去をロマン化したりしてしまいがちなわけです。「昔の教育はなんだかんだと言っても、なかなか味わいが深かった。それに比べていまの教育はなんだ」というふうな感じです。でも、それはまずい。過去をロマン化しすぎて、「昔の教育は良かった、いまはダメだ」みたいな、そんな議論が世の中にはあふれていますが、研究者の目から見ると、いまの教育はまあそうひどくなっているわけではない。過去をロマン化しないよう、気をつけないといけません。

まずは、いまの日本の教育はそんなに悪い状況ではない、ということをお話ししたい。そのうえで、でも、この間進んでいる改革にはいろいろと問題があって、改革すればするほど困った問題が起きるとかあるわけで、そんな話もせっかくなので話したいと思っています。

一　そんなに悪くはない日本の教育

まずは「そんなに悪くはない日本の教育」というお話からしたいと思います。

ここでちょっと準備してきた資料は、ＰＩＳＡの国別レポート(二〇一二年)です。ＰＩＳＡは、国別の順位ばかりがマスコミで取りあげられたりするのですけれど、実はそれぞれの国の教育の良い所・悪い所とかをきちんと分析しているのです。ポジティブに書かれている所を、ちょっと読んでみます。

「日本の生徒は、数学的リテラシー、読解力、科学的リテラシーにおいて高い平均得点を維持している。読解力においては、さらに二〇〇九年から二〇一二年の間に統計的に有意なレベルで向上している」。それから「日本の学校制度は教育機会の観点において平等性が確保されている。たとえば、生徒の社会経済的背景と得点との関係性がOECD平均よりも弱い」。「二〇〇三年にくらべると、日本の生徒の自信は向上している」。

「二〇〇三年と比べ、より多くの割合の生徒が数学についての楽しみや関心を示している」。「日本の教室は他の参加国・地域と比較して、授業の雰囲気がより良好であることが二〇〇三年においてすでに報じられたが、二〇一二年において授業の雰囲気はさらに良くなっている」。「日本は、生徒の社会経済的文化的背景に差異のある学校間に対して、人的、教育的資源を平等に配分している」。……といった感じで、日本の教育はかなり高く評価されています。だから、「結構あれもこれも良いのです。教育関係者の皆さん、本当にご苦労様でした」ということで結論にしてしまえば、もう講演も終わりになってしまいます(笑)。

いや、まだ終わるわけにはいきませんね(笑)。日本の教育のマイナス面が書かれた部分もみてみましょう。たとえば、「基本的な数学の問題や応用問題を解く自分の能力に対する自信がOECD平均よりも少ない」、「OECD平均と比較して、数学についての楽しみや関心、問題解決への意欲は低く、数学に対する不安が高い」とあります。

だから、日本の教育は、子どもの学習についてはいわばあまりハッピーなものではない状況にありますが、全体のパフォーマンスとしてはそれなりに高いし、学校もそれなりに悪くない状況にはあるわけです。そういうふうな現状分析です。

しかし、どうもマスコミは、「いまの学校は問題だらけだ。いまの教育はダメだ」と、まあ、そう

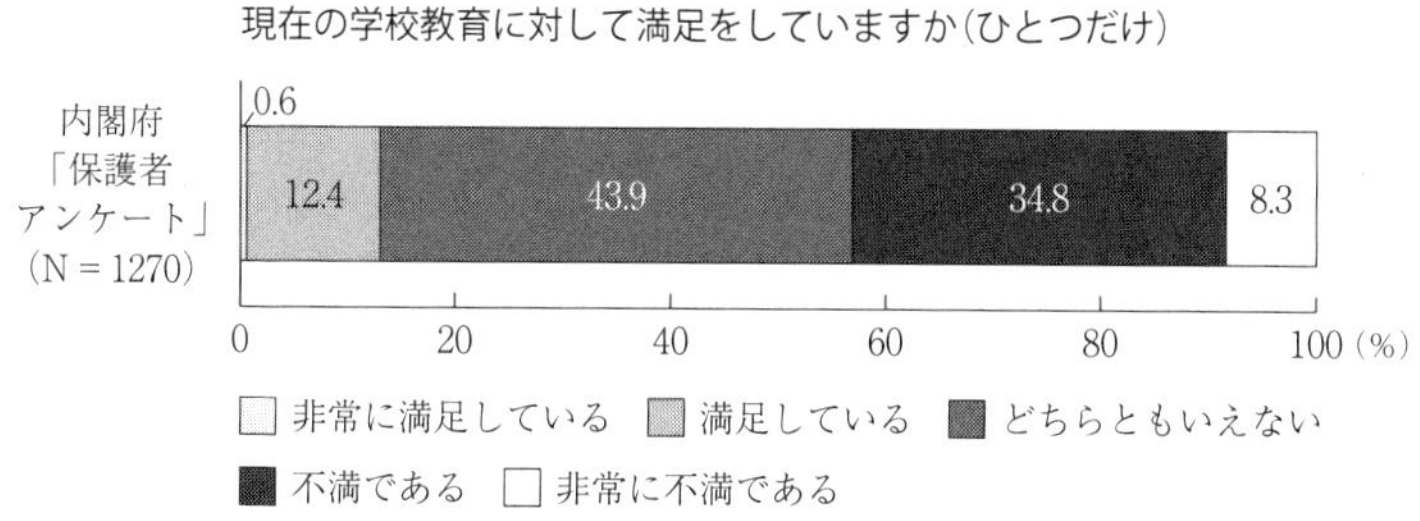

図 7-1　保護者の学校教育に対する満足度(内閣府)

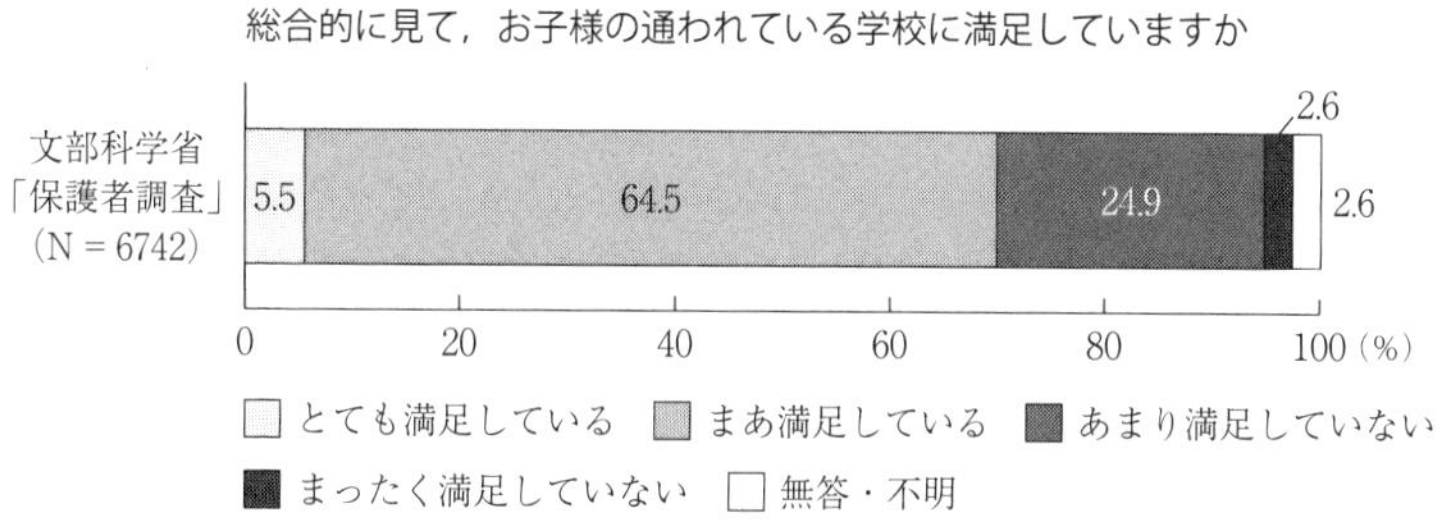

図 7-2　保護者の学校教育に対する満足度(文科省)

福井編 2007

いうような材料を拾ってしゃべるのが好きな感じですね。だから、「いまの教育がダメだ」と、世間もそういうふうに思ってしまうわけです。

この点でちょっと面白いものがあったので、資料に入れておきました（図7―1、図7―2）。これは、教育改革を高唱する人たちが集まって書いた本の中に出ていたものです（福井秀夫編『教育バウチャー』明治図書出版、二〇〇七年）。二つある図のうち、上のほうは内閣府の調査です。「現在の学校教育に対して満足していますか」という質問への回答結果です。「非常に満足している」はわずか〇・六%、「満足している」も一二・四%しかいません。学校不信がうず巻いているように見えます。

ところが、下の図、文部科学省が行った保護者調査を見ると、「とても満足している」「まあ満足している」で七割に上ります。

なぜこんなに結果に差があるのか。これを書いた著者の方は、選択肢が四択か五択かのちがいだとか、調査の実施方法のちがいなどによる、というふうなことを書かれていましたが、私はおそらくそうではないと思います。これは、質問文のちがいによるのだと思います。上の調査のほうは「現在の学校教育に対して満足していますか」という一般論で質問しています。一般的な学校についての印象を聞いている。ところが、下のほうは「総合的に見て、お子様の通われている学校に満足していますか」と尋ねています。目の前で自分の子どもが通っている学校に対する見方を尋ねているのです。

そうだとすると、謎が解けます。一般論としてはいまの学校に対する不満が結構多いにもかかわらず、目の前の自分の子どもが通っている学校については、結構満足しているわけです。これが、どうも現状のようです。「マスコミが取り上げるいまの学校は問題があるが、うちの子が通っている学校は良い」ということだ、と解釈できます。マスコミを通じて流れる情報によって、世間は日本の教育の一般的な現状を、過度にネガティブにとらえているのだと思います。

学校像に限らず、教員像も生徒像も家庭像も、ネガティブな見方がいろいろありますが、それらはしばしば事実誤認を含んでいます。ご紹介したいデータや知見はいろいろありますが、ここでは省略します。ともかく、日本の教育はそこそこうまくやっているし、パフォーマンスもそんなに悪くないのです。

二　詰め込み暗記型の教育からの脱却という流れ

（1）教育―学習の考え方の変化

しかし、だからといっていままで通りの学校教育をやっておけばいいわけではありません。いままでのやり方や考え方を見直してほしい点はあります。それは詰め込み暗記型の教育から脱却しよう、ということです。

おおよそ、明治以降の近代学校というのは、外から与えられた知識をともかく短期間の間にたくさん詰め込むというふうな教育の仕方をやってきました。西洋社会に追いついていくためには、それが当然必要だったわけです。知識をたくさん詰め込んでおいて、あとになってそれを使う、というような勉強の仕方です。明治の頃の記憶術の本はいまみると面白いです。たとえばどういうものを食べれば記憶がよくなるのかとか、変なアドバイスや怪しい薬の紹介とかまでがあったりします。ともかく暗記するのが、勉強だったわけです（岩井洋『記憶術のススメ――近代日本と立身出世』青弓社、一九九七年）。

ところが、最近の教育政策では学習観や学力観が変わってきています。お手元の資料の、二〇〇七年の学校教育法の改正で新しく入った部分、教育行政に関わっておられる皆さんは、こんなのは普段からご存じと思いますけれども、三〇条の二項です。私は初めて見たとき、ちょっと感動しました。三〇条ではまず小学校の目標の話があります。小学校における教育はもっと前の部分で掲げられた

表7-1　学習観の転換

	方　法	能力やスキル	原　理
高度成長期の教育－学習モデル	共通のゴールに向けた教育	知識の記憶を主にした能力・スキル	画一的・平等 見える競争
ポスト高度成長期の教育－学習モデル	個々の子供に合わせた教育	能動的な力(思考力・判断力・表現力等)	個別的・不平等 見えない棲み分け

義務教育の目標を達成するようにやれ、と書かれていて、その次に出てくるのが第二項です。「前項の場合においては、生涯にわたり学習する基盤が培われるよう、基礎的な知識及び技能を習得させるとともに、これらを活用して課題を解決するために必要な思考力、判断力、表現力その他の能力をはぐくみ、主体的に学習に取り組む態度を養うことに、特に意を用いなければならない」とされています。これが二〇〇七年の学校教育法改正で入ったわけです。

学校教育法のレベルの条文ですから、これは当分無くならないですね。皆さんにこれをきちんと生かしていただくことをぜひお願いしたい。思考力・判断力・表現力をはぐくむような教育の仕方をやってくださいよ——これが、いまの一連の改革の流れのベースになっているものです。なお、この第三〇条第二項は中学・高校にも準用されていますから、初等・中等教育全体で、学んだ知識を活用して課題を解決するための、「思考力、判断力、表現力その他の能力をはぐくむ」教育を進めていく必要があるわけです。

詰め込み暗記型の教育からの脱却を、教育—学習観の転換として考えるために、表7—1をつくってみました。高度成長期までの教育と学習のモデルというのがあるとすると、いまはポスト高度成長期の教育—学習モデルの時代に入っていると思います。高度成長期までの教育の考え方というのは、共通のゴールに向けた教育で、知識の記憶を主にした能力やスキルで、原理としては平等だけれども、画一的でもありました。基準がはっきりしていますから、見える形で競争をやるというのが、高度成長期までの教育の考え方でした。

それが、ポスト高度成長期の現代は、一九八〇年代ぐらいから出てくるのですが、個々の子どもに合わせた教育をという話が出てきます。そこで強調されるのは、いま言った、思考力・判断力・表現力などといった能動的な力です。原理としては個別的で、個別性を大事にする。

しかしながら、その個別性の重視は、必ずしもいいことばかりではない。それは不平等を生んだり増幅させたりする可能性もはらんでいるわけです。それ以前とちがって同じ軸では競争しないですから、そうすると段々と見えない棲み分けが起きていくわけです。都会の子どもの一人ひとりの興味・関心に沿った勉強と、田舎の子どものそれぞれの興味・関心に沿った勉強というのは、ちがってきたりします。ちがう世界に向けて進んでいくことになるわけです。それがまあ、「多様性を生む」といえば良い意味だし、「都会の子どもと田舎の子どもの不平等を生む」といえば、不平等の種になるかもしれません。そういうふうな原理なんですね。

ともかくは、詰め込みでたくさん覚えさせる教育から、考えさせる・議論させる・発表させるような教育へ、そういうふうな方向へ動いてきている。これは、一九九〇年代からこれまでの一貫した動きであって最近の流行ではないのです。一九八九年に学習指導要領の見直しがあって、そこでは、教育課程編成の一般方針として「学校の教育活動を進めるに当たっては、自ら学ぶ意欲と社会の変化に主体的に対応できる能力の育成を図るとともに、基礎的・基本的な内容の指導を徹底し、個性を生かす教育の充実に努めなければならない」とされました。ここで、「自ら学ぶ意欲」と「社会の変化に主体的に対応できる能力」というのが注目すべき点で、これらが表現を変えながら、その後も追求されていくことになりました。その最新のフレーズが、「主体的・対話的で深い学び」ということになります。

一九九二年頃には、八九年の学習指導要領に基づいた教育の評価のあり方をめぐる議論の中から、「新しい学力観」というフレーズが出てきました。それは、関心・意欲・態度をきちんと重視していこうというのでした。ところが、現場のほうでは関心も意欲も態度もどうやって喚起すればよいかよく分からなかったために、教え方の改善ではなく、評価のことばかり問題にされてしまいました。宿題を毎回きちんと出したら意欲があることにしようという話にして、すごく細かな評価項目を設けて、つまらない話にしてしまったのです。

それから一九九六年に第一五期の中教審で、「生きる力」という概念が出てきました。これもある意味では、それまでの詰め込み型の知識ではないものを学力の考え方としてやっていこうという考え方でした。「生きる力」という言葉は、私自身は個人的には好きではないのです。なんか意味があるようなないような、どうでも言えるような部分があって、「生きる力の三要素」とかと言われても、どうしてそう言えるのか、どこに根拠があるのだと、つい学者としては思ってしまうのです。しかし、この「生きる力」が言われるようになった文脈は、詰め込み暗記型の学力ではないものをきちんと教育で押さえていきましょうという考え方だったことは確かです。

それから、多くの人たちから批判を浴びて評判を落としてしまいましたが、九〇年代末に目指されていたのが、いわゆる「ゆとり教育」です。総合的学習の時間の導入に大きな期待がなされましたが、教育の中にゆとりをつくり出して、自分で考えてみるとか、これまで学んだものを使ってみるとか、そういう新しい教育―学習を展開させようとしたのですね。ところが、内容の精選が批判され、「ゆっくりやらせばいいんだ」というふうな現場での誤解も生じて、九〇年代の終わりから二〇〇〇年代初頭には、このゆとり教育が「ゆるみだ」と批判され、マイナスのレッテルになってしまいました。けれども、元々の考え方は「子どもたちに十分な余裕のある状態で学習をさせ、自分で主体的にものを学び、主体的に考えるようにしよう」というふうなことが考えられていたのです。

ついでにいっておくと、一昨日〔二〇一六年五月一〇日〕、馳浩文部科学大臣が記者会見をして、「ゆとり教育と訣別する」とかと話したというふうに、各紙の夕刊に載ってましたけど、皆さんご覧になりましたか？　ちょっと新聞をコピーして持ってきました。「脱ゆとり明確に」という見出しの記事はこれは『東京新聞』です。それから『朝日新聞』は「「脱ゆとり」を継続」になっています。しかし、用意されていた資料はニュアンスが少しちがうんですよ。「ゆとり教育か詰め込み教育かという二項対立を超える」という話だったんです。だから、詰め込みに戻る、というのではなく、知識習得もしっかりやるし、「アクティブ・ラーニング」もきちんととり入れる、という話になっているのです。

この時期にこういう発表を準備した文科省の思惑を推測してみると、次のようなことかな、と思います。一つには世論対策です。詰め込み教育からは脱却しなければならない、だけど、「自分たちで考えさせるような教育を」とかというのは、「ゆるみではないか」と自民党の先生がただとか、マスコミとかが批判してきかねない。だから、ゆとり教育とはちがうということを強調して、一応納得しといてもらおうということです。もう一つには、「アクティブ・ラーニング」なんていうと、現場の先生がたは「自分は何もせずに生徒にさせることだ」と単純に考えてしまうかもしれない。だから早めに「そうではないんだよ」ということを示して、文科省としては現場を引き締めておきたい。それが一昨日の馳大臣の記者会見ではなかったかと思っています。

ともかく詰め込み型の教育からの脱却という動きは、一九九〇年代からずっと続いてきているんです。それで、二〇〇七年の学校教育法の改正があり、最近の中教審の「アクティブ・ラーニング」の強調があり、さらに去年一気に進みました一八歳選挙権の制度化で、高校生に政治的なことをきちんと考えさせようということも付け加わりました。これらの一連の流れは、詰め込み型の教育から抜け出して、自分で主体的にものを考えて判断できるようなそういうふうな教育を目指そうというような流れです。だから、ゆとりではないのだからといって、詰め込みに戻っていってはいけませんよ、皆さん。ゆるみにならない形で主体的に学習をさせる、そういうものはどうやってやれるのかがいまの課題なのです。

(2) 昔は考えさせる教育が必要ではなかった

こうした流れの背景には、大きな社会の変化があったと思います。その話を少しします。

そもそも、高度成長期までの社会では、子どもたちはあまり余計なことを考えなくてもよかった、ということなのですね。

第一に、経済と教育との関係がありました。R・P・ドーアさんが、『学歴社会——新しい文明病』

（一九七八年）という本の中で論じられていたことですが、遅れて近代化を開始した非西洋諸国の国は、近代化に必要な知をパッケージ化して輸入することになります。近代化に必要な知をパッケージ化して伝えるのが、学校です。そういう遅れて近代化した国の教育では、目の前の日常生活と、学校で教えられる知との間には、大きな距離があります。でも、そこを飛び越えて日常生活の中には浸透していない知を目いっぱい詰め込むことで、近代化に必要な人材が育成されることになります。

たとえば、高度成長期以前の近代日本を考えると、旧制中学校で化学や物理を学んだ人というのは同世代の中のごく一部だったし、ましてや大学まで進んで理学や工学を学んだといった人は社会のごくわずかな人でした。だから、詰め込みでもなんでもいいので、知識の有無こそが重要だったわけです。実際、戦前の社会は、学歴によって非常に大きい賃金格差が制度化された社会になっていきました。詰め込み教育で高い学歴を手に入れた人が、労働市場で珍重されたわけです。

若い世代の大半が高校に進み、大学に進む者も珍しくなくなっていったのが、戦後の高度成長期（一九五五〜七三年頃）でした。この時期には、高度な知識を持った人の希少性は失われてしまいました。詰め込み教育で高い学歴を手に入れたからといって、必ずしもみんなが社会のエリートとして高い地位や高い所得が約束されるわけではなくなりました（広田照幸『教育言説の歴史社会学』名古屋大学出版会、二〇〇一年）。

しかし、高度成長期というのは、一生懸命頑張っていれば、何かチャンスが来るという右肩上がりの社会なんですね。そういう社会では、個人はそこそこ努力していたら、何とかどこかに着地できるわけです。

普通科高校では何のためか考えずに勉強していたら大学に進学することになって、大学に行っていたらいつの間にか良い就職口もあって、という話です。職業高校でも、何か真面目にやっていれば大手の大企業から、人を採りたいといってくるから、そこで学校推薦で送れるとか、そういうのが高度成長期の時分の子どもたちでした。

また、何も考えずに勉強していても、会社が人を育ててくれました。バブルがはじける一九九〇年代初頭頃まではそうだったわけです。ホワイトカラーの人も、ブルーカラーの人も、正社員として長期雇用を前提にいろいろと雇い入れて、会社が企業内で人材を育成していく。日本の企業はある時期までそういう仕組みでやってきたのです。

だから、学校で基礎的なものをきちんと叩き込んでおけば、あとは会社が仕上げてくれるというようなものでした。しかも、企業の側が、あまり専門性とかを、欲しがらなかったのです。とにかく一般的な知的な訓練として高い点数をきちんと取ってくれていればいいという。ですから、学ぶ中身に企業もあまり期待していませんでした。具体的なことは企業が学ばせますからという話です。

だから経済が右肩上がりで、長期勤続で人を長期雇用で育成してくれる仕組みの中で、学校というのは基礎的なことをともかく詰め込むというのでやっていればよかった。学校の先生も、生徒に向かって、「余計なことを考えないで、とりあえず受験に専念しろ」というふうに言っていた。何のために勉強をするかというと、「受験・進学のため」です。生徒もそう思って勉強していた。それで、そんなので良かったのが高度成長期です。

第二に、当時の政治状況も、余計なことを考えなくてすむような政治状況でした。冷戦時代で、米ソ対立の時代だったわけで、日本でも保守対革新の対立軸で政治が展開していました。大体まあ、比較的政治的な対立の軸が分かりやすかった。何かあると「自民党にお灸を据えてやれ」とかと言って投票します。そのうちに今度は、「自民党にもうちょっと頑張ってもらおうとか」といって、与党に入れたり野党に入れたりみたいな感じです。

また、業界団体や労働組合とか、地元との後援会のつながりとかがしっかり票を握っていて、そうしたさまざまな団体が動いて利益誘導の政治が展開していました。そのことは、ある見方をすれば、いろんな利害団体が諸個人を代表して動いていた、ということができます。国民は複雑な争点についてあまり深く知る必要もないままに、自分が所属する組織や団体の意向に沿って投票をしておれば、それでよかった部分があったわけです。

また、国の権限も強かったから、その意味でも国民は政治について深い知識や強い関心を持たなくてもよかった。重要な決定は中央でやってくれるし、中央での重要な出来事は毎日のニュースで教えてくれる。地域や身の回りにある政治的な問題を考えることをしなくても、なんとかなったんです。

以上のような状況だったので、高度成長期までの日本では、そこそこ真面目に勉強していたら、会社と家族と国とに支えてもらって、自分の人生は何とかやっていけるというふうな社会だった。そういうふうな時代だから、個々人は余計なことを考えなくてもよいし、思考力や判断力などといったことを、教育の中で強調する必要もなかったわけです。

(3) 経済の変動によって考えさせる教育が必要になってきた

ところが、高度成長期以降、特に一九九〇年代ぐらいから、社会が大きく変わってきました。一人ひとりがあまりものを考えなくても、社会も何とかなるし個人の人生も何とかなるというふうな社会の仕組みの時代は終わった。だから教育も変わらないといけない。――そういうお話をこれからします。

まずは経済が変化したという点から。一九八〇年代後半以降、経済がグローバル化し、九〇年代にはバブルがはじけて低成長の時代に入りました。そうすると、みんなが正社員になるわけでもないし、それどころか、大学を出てもきちんとした仕事が待ってるかどうかも分からない仕組みに変化した。安定した雇用がごく限られた人たちにのみ待っているようなことになったのです。そうすると、二つポイントがありますね。

一つには、流動的な時代になってるから、人は自ら考え、学び続け、自分で自分の人生を組み立てていくことがもとめられるようになっている、ということです。流動的な時代の中で、プラスの局面でいうと、新しいことを創り出す能力とかということが必要になっている。それらは実際、いまの企業がもとめている教育です。目の前のこれまでのことに安住せず、自分で課題を立てて解くとか、新しさを創り出すこととかがもとめられています。

人生にはマイナス局面というのもあります。人生の危機に個人が一人できちんと対応できるようにならないといけないのです。会社をクビになるかもしれない。景気が急速に悪化するかもしれない。離職しても次の仕事が待っているかどうか分からない。――流動的な時代が個人を不安定にします。

そうすると、自分でいろいろな局面でものを考えたり学んだり、決断したり、行動したりしないといけない。

プラスの意味合いであれ、マイナスの意味合いであれ、社会の流動化――あるいは人生の不透明化と呼んでもよいですが――によって、一人ひとりが自分でものを考え、学び、行動するようなことがきちんとできるようにならないといけなくなってきます。

日本の教育は長らく、「言われたことをきちんとやる」という人間ばかりを育ててきました。せいぜい、「言われなくてもやる」ぐらいです。でも、もうちょっと先まで行かないといけない。何をどうやるべきかを一人ひとりが自分で考えないといけない時代になってきているからです。

(4) 政治の変動も考えさせる教育の必要性を高めた

次は政治の変化の話です。政治のほうも変わってきています。

第一に、有権者がもっとものを考えるようにならないと危ないという状況が生まれてきました。政治の対立軸が複雑になってきたという点があります。冷戦時代が終わって、九〇年代からの政治は、争点や対立軸が非常に複雑な時代になっています。政治の争点でいうと、旧来は右か左かだったけど、いまは全然ちがう何本もの争点の軸があります。多様な政党間の関係を考えてみると、分かると思います。争点が多次元化していくと、かなり理解力がないと、適切な政治的判断ができないという、そういうことがいっぱい出てきています。政治が複雑になっているから、一人ひとりがものをきちんと判断できるようになることがないと政治が危ないのです。

また、有権者がもっとものを考えるようにならないと危ないという状況は、一九九四年に衆議院選挙において小選挙区制が導入されたことにもよっています。「政権交代を可能にする」とか言われていて、実際にそうなのですが、この仕組みは、勝者が雪崩を打って多数派を取る仕組みなんですね。政治が大きく振れるような時代になっているのです。だから、有権者がきちんと状況を判断して投票してくれないといけないし、少数派の声が政治の中で尊重されるよう有権者が政治家をチェックしていかないと、代議制の民主主義が暴走してしまいます。

それから、利益誘導型政治の終焉というか、まあ、支持なし層が増えています。そうすると、みんながテレビやネットで流れる情報をちょろちょろっと見て判断するようなことになると危ない。支持なし層がムードで、いま言ったように凄く揺れ動いたりします。ワン・フレーズだのスキャンダルだので帰趨が決まる政治は危ない。そうすると、政治を考えても、きちんとものを考える人をつくっていかないと民主主義が危ないというわけです。

もう一つ、政治との関連で重要なのは、地方分権化のインパクトです。一九九〇年代半ば以降、地方分権化が進んでいます。これは皆さんのほうがプロだと思いますけど、二〇〇〇年施行の地方分権一括法で国と地方が対等になりました。

しかし、地方の権限が増大すると、重要な問題はローカルなレベルで決まることになります。これがポイントです。大阪の橋下(徹)市長が、かなりいろいろなことをやりましたよね。あそこから学べるのは、中身が良いか悪いかではなくて、地方でいろいろなことができるということなのです。やろうと思えばできるのです。ローカルなレベルで重要なことを決定して、何かを大きく変えていくということは、昔よりもずいぶんできるわけですね。

重要なことが自治体のレベルで決められるということは、ローカルなレベルで民主主義の質が問われることになります。住民の質が高いと面白いことが実現できるかもしれない。でも逆に、住民の質が低いと愚かで誤った決定がなされてしまうかもしれない。分権化というのは、市民が、地元の人が、何を考えるかということが重要になる事態なのです。

卑近な例でいうと、最近は、村おこしとか町おこしみたいな、地域での産業振興や文化振興の動きが盛んになっています。本腰入れて村おこしや町おこしをやるのであれば、役場の担当者が何かを考えるのではなくて、地域の人たちがアイデアを出し合って、地域のいろんな人を頼りにして進めていくことになります。そうすると地域の人たちが、ものを考えてくれないといけないわけです。本当にユニークなものを自分たちで創るというのであれば、ものを考え、新しく学び、みんなで議論して行動できるような人が地元にたくさん出てこないといけないのです。地方分権化の動きを考えてみても、高度成長期までの「真面目に知識を詰め込んで」ではなく、思考力、判断力、表現力等を備えた人を育てることが必要なのです。

政治とのからみについてあと二ついうと、一つはNGOとかNPOが台頭してきている点も見過ごせません。行政の外側で市民的な活動に従事する人たちですね。これからはそういう人たちも、教育を通して供給していかないといけません。「会社で雇われて会社のために働く」ではなく、「社会のために働く」という人たちがもっと増えるような方向を想定して教育を考えていく、ということです。

それからもう一つ、グローバルな課題に対応するようなことも必要です。環境問題とか、貧困や不平等の問題とか。目の前の多くの出来事は世界中とつながっています。だから、国境を越えた想像力を持つ教育ということも必要でしょう。

まあ、もう少し喋りたいこともありますが、社会の変化の話はこれぐらいにしておきます。要するに高度成長期の時代からバブルがはじけてしまう頃までは、真面目に勉強させ、たくさん覚えさせるのが教育だったし、それで何とかなっていた社会だったわけです。けれども、流動性が高まって社会の未来は不透明になる。低成長で、地方分権で、グローバルな問題も出て……、という時代には、ただひたすら真面目に詰め込みで勉強した子どもたちばかりつくっていてはダメだという時代になっているのです。「ものを考えて、自分の意見をまとめて、きちんと人に伝える」といったことが、必要になってきてるわけですね。だから、一九九〇年代以降の教育改革で詰め込み教育脱却という方向は、社会の変化を反映した変化だというように思っているわけです。

だから、「考えさせる教育」の方向は単に短期的な流行ではなくて、まだまだ今後も教育改革における教育課程をめぐる議論の中で、中心に座って進むはずです。皆さんの管轄の所の学校で、詰め込み教育を進めるのではなくて、どうやったら考えさせる教育を進めることができるのかということを、ぜひ考えていってほしいと思います。

三　地方教育行政に期待するもの

(1) 現場の余裕と自由をつくり出してほしい

とはいえ、「言うは易く、行うは難し」です。教育学者としては「思考力・判断力・表現力を伸ばす教育というのは良いなあ」とは思っています。しかし、明治以来の一〇〇年以上やってきた教育の考え方を、ちがう質のものに変えていこうとしているわけですから、これは教育観・学習観の大きな転換です。だから、簡単にはうまくいきません。いくつもの大きな課題があります。

第一に、ほとんどの先生がたにノウハウが乏しい。どうやったらクラスの一人ひとりの子どもたちそれぞれに考えさせられる授業ができるのか。「正しい答えの定まらないような主題を、子どもたちに考えさせる教育」とかいうわけですが、これまで正答にたどり着かせる技法ばかり洗練させてきた日本の教員が、「正しい答えの定まらないような主題」を扱った教育をうまくやれるのか。思考力や判断力をはぐくむ教育とかいうけれど、そもそも学校の先生自身が、思考力とか、判断力とか、本当に十分あるのか。そうすると、先生の側も変わっていかないといけない、教授技術も変えないといけない、カリキュラムの工夫もいるという、大きな転換が必要なのです。

必要なことは、学校の教員一人ひとりが、ものを深く広く考えられるようになること、物事の複雑さを知り、それをふまえた判断の微妙さを理解すること、自分の意見を他人に伝える技術とともに、立場や考え方のちがう意見に耳を傾ける寛容を身につけること、……教員の皆さんに勉強してほしいことは山ほどあります。だから、教員には十分な時間的余裕と知的自由とが尊重されないといけない。たっぷりと時間を費やして、教員自身が自分を高めていってもらわないと、思考力、判断力、表現力をはぐくむ教育はうまくいかないんです。

本来、一九八四年に中曽根首相のときにつくられた臨時教育審議会が、「個性重視の原則」という方向を出したときに、教育予算における教員一人あたり児童生徒数の考え方に関して大きな転換が必要でした。本当は、あそこで発想を切り替えて、教員に十分な余裕と自由を与える必要がありました。何せ、それまでのクラス中心の教育――子どもたちを集団として指導するという考え方――から、個性重視の原則に切り替えようというわけですから、あらゆるノウハウがリニューアルされねばならなかった。だから、先生を思いっきり増員して、新しい実験的なものをいっぱいやらせて、どうやったら個性を重視する教育ができるのかってやらないといけなかったんです。当時の政策はようやく四〇人学級を実現するということで動いていましたが、本当はもっと抜本的に教員を増やし、少人数授業だとか、個別指導とかができるようにしないといけなかったんです。

だけれども、国はケチでしたね。お金は出さない、教員はろくに増やさない。それで、「新しい学力観」というのを一応作文して、「これでやれ」と言っていたのです。作文はタダですからね。官僚の作文はね。それで、現場が忙しくなるばかり、どうしていいか分からなくなるというふうな状況になってしまいました。

その後を考えると、もう一回の大きな転換が今回です。今回(二〇一六年度)の学習指導要領の改訂は、「アクティブ・ラーニング」という考え方を打ち出しています。今度は、方法レベルでも実質的にはこれまでとはちがう考え方でいこうと言っているわけです。子どもたちが能動的な、主体的な学びができるような、そういう教え方をやらせようと。ここでもう一回大きな曲がり角にきたのです。この機会にしっかりと教員を増やして、授業の準備をしっかり考えていってもらわないといけない局面なのです。

国がきちんとお金を出してくれない状況の中で、地方の教育行政にお願いしたいことは、どうか、国の標準を越えるための予算を確保して、現場に人の手当てをしていってほしいということです。もう一度言いますが、教育の現場に余裕と自由がないと、教育観・学習観の大きな転換はうまくいきません。

(2) 硬直した官僚制ルールが現場の余裕と自由を奪う

もう一つは、硬直した官僚制ルールが、現場を苦しめている部分もあります。別に、皆さんがそうしてるとは言いませんが、いろんな契機で官僚制が弊害を生んでいると言えます。たとえば、不祥事とかいろいろな問題が起きるたびに「再発防止」といって対応していきます。あれがどんどん累積的に予防的・防御的になって、現場の自由度を奪っている部分もあると思うのです。「二度と事件を起こさないために、現場に○○させないようにしました」と。一定の枠からはみ出せない、窮屈な学校や教育になってしまうわけです。おかしな横並び主義とか、前例踏襲主義とか、煩瑣な報告とかがはびこってしまう。これも考え方次第で、改善できる部分があるはずです。

多分、教育行政の中のいろいろな部分で、「ここまではできるはずだ」「これはしなくてもよいはずだ」といった、きちんとしたルールの解釈や見きわめをやらないままにあれこれ余計なものまで決めたり制限したりしてしまうから、現場の余裕や自由がなくなってる部分もあるかもしれません。それもぜひ皆さんに考えていただければと思います。

うちの大学で私が事務と戦うときには、こんな問答をやります。「できません。前例がありません」と言ってくるから、「今回の件が前例になればいいんだから、「前例がありません」は、できないという理由にはならない。なぜダメなんだ。根拠を示してくれ」と私は問い詰める。すると、「根拠規程はこれこれこれだ」と言ってくる。その規程を見るとですね、そんなことは書いていないのです。それで、「この規程をこういうふうに解釈したらここまでできるはずだ！」と、私は説得します。

そもそも、教育行政や学校でなぜ細かすぎるルールがつくられるかというと、世間が理不尽に学校にあれこれ文句を言ってくる部分があるからです。その理不尽な攻撃を避けるために、つい予防的なものが膨れあがってしまう。地方の教育行政を担当されている皆さんには、理不尽な世間から学校を守る防波堤にぜひなっていただきたいと思います。

たとえば、世間はすぐに「再発防止」とかという話になるのだけど、ある種のものは再発して当然なんです。たとえば、モンスターペアレントのクレームとかっていうのは、あれは三年ぐらい経つと親は入れ替わるわけだから、またとんでもない親が出てきたりするのです。子どももそうです。三年経つと中学校の生徒たちは全員入れ替わる。新しい世代になります。そうすると新しい世代の子どもの中から、また同じような問題行動を起こす生徒が出てきたりする。それは当たり前なんです。

また、新しいことをやってみよう、というような場合に失敗をする。それも当然です。だから、新しいことを始めてみようという姿勢を持ち続けると、ときどき失敗をしてしまうことが起きるわけで、「また失敗しちゃった」ということになるのです。

教育行政が理不尽な世間から学校を守る防波堤になるというのは、問題の再発を防止する策をヒステリックに二重三重に学校にもとめていったり、成功事例だけを誇るといったことではなくて、学校の自由度や裁量を大事にしながら、もしも何か起きたときには、その都度、行政のほうでサポートをする。学校が単独で背負いきれない部分は行政のほうで引き受けて、丁寧に事案に対処し、説明や対応をしていく。そういうふうにして、行政が学校や先生を守ってあげることだと思っています。

(3) 偏向教育の問題

それから、偏向教育の問題もちょっとお話ししておきます。「教員に余裕と自由を」というと、すぐに「教員をもっと自由にしたら「偏向教育」をやるにちがいない」といった批判が出てきます。特に、「生徒に考えさせる授業」とかいうと、そういう批判が出てくる恐れがある。

しかし、実は「偏向教育」という法律用語はないのです。皆さん知ってますか？ ないのですよ。教育基本法の第一四条の二項には、政治的中立の話は出てきます。けれども、そこでの定義はとても限定的です。「偏向教育」という曖昧な語は法律の世界では意味を持たないのです。あれは、社会的につくられたネガティブキャンペーンのための語です。それなので、「偏向してる」というのは「政治的中立を逸脱してる」のとはちがうわけです。何でもかんでも怖がって現場でやらせないようなことは、ぜひしないようにしてほしいと思います。

「偏向してる」というのは、さまざまな教育のいろんな場面や素材に恣意的に貼ることができるレッテルなので、「偏向」を気にし始めると、学校の先生はどんどん萎縮してしまいます。思考力や判断力などをはぐくむ教育を促進していくためには、個々の教員が自分で教材や教育方法を工夫するといったことの自由度が確保されることが何よりも重要です。先生がたが「誰かが決めてくれた材料で、決めてくれた展開のさせ方以外はやらない」といった教育しかできないようになったら、日本の教育はダメになってしまいます。

もちろん、教育論としては、「ある立場に偏した主張を強調する教育」は、特に小中学校のレベルでは決して望ましいわけではありません。しかしそれは、あえて政治のレベルで何か対応するべきでもないし、行政の手続きの中で何かすべきものでもないと思うんです。つまり、行政上ないしは刑事上の処分の問題ではなく、「教育としていかがなものか」という教育上の問題として、学校内や教員間で議論・検討してもらえば済む問題であることがあまりに多いと思います。言い換えると、政治的な意図を持った「偏向教育」攻撃に対して、教育行政が現場を守る防波堤になってあげることができるか、ということです。

(4) 旧来の学歴主義的要求にどう対応するか

もう一つ厄介なのは、旧来の学歴主義的な要求です。やはり進学が重要だという親とか地域の人たちがたくさんいるはずです。そういう人たちに、どこまで新しい教育観・学力観を説明して納得してもらうかという問題です。

進学実績ではなくて、もう少し長期的に意味がある大事なことを学習させているのだということを、教育行政に携わる皆さんが説得的に説明できるようになってほしい。「子どもたちが一生使っていける、思考力、判断力、表現力等をはぐくんでいるのだ」と、そういうふうな教育の説明を、ぜひ皆さんも学校も、しっかりするべきです。教育の方向に自信や見識がないと、つい、地域の中の有名高校に何人出したとか、国立大学に何人入れたとか、そういう実績を売りものにしたくなりがちだけど、前に言ったように、それはゼロサムゲーム、不毛な競争です。むしろ、「どれくらいものを考えて、どれくらい表現力が豊かになっているかというのは、なかなか数値とかで出てきません。けれども、それをやらないといけない時代になっています。だから、そんな短期的な進学実績とはちがう、もっと長期的にみて重要なことをやっているのですよ」というようなことを、ぜひ行政からも、地域の人たちに説明してあげてください。

学歴が有利に作用するのは、人生の最初の職業選択の場面だけです。あとは、自分が身につけた能力やスキルでやっていくしかない。長期的で決定的な意味を持つのは、能力やスキルなんです。私は、自分が教えている学生によくいいます。「君たち、日本大学を卒業したってこと自体は、あんまり意味ないぞ。教員になったあとに、「僕は日大卒ですから」とか言って、教師としての自分の仕事ぶりについて弁明したって何の効力もない。教師としての見識や力量だけが問われる。会社員になったとしても同じだよ。入職後はどの大学を出たかなんてのは関係ない。だから、大学を卒業するまでに自分がどういうスキルや能力を身につけておくかこそが重要なんだ」と。

きちんとしたスキルや能力をつけるというのは、長期的には人生に残っていく大事なことだと思うので、学校のランクや進学実績なんかとはちょっとちがう形で、子どもたちにとってかけがえのない財産になるはずです。そういうことを認識していただいて、思考力、判断力、表現力を豊かに育てるという教育に、本気で取り組んでいただければと思います。

(5) 機会の不平等の拡大を避ける努力を

それから、先ほど表7—1の所でちょっとお話ししましたけど、一人ひとりの子どもに合わせた教育をやっていくといういまの改革の考え方は、ひょっとすると物凄い機会の不平等を生み出してしまうかもしれません。この点にもっとみんなが気づく必要があります。「子ども一人ひとりに合った教育」というのは、子どもの間の家庭環境の格差をそのまま「一人ひとりの間の差」として肯定してしまったり、低学年でのスタート時に見られた小さな差異をその後の教育で増幅してしまったりすることになりがちです。都会の子どもと田舎の子ども、豊かな子どもと貧乏な子どもの間に物凄い格差をつくるかもしれないということです。だから、皆さんにはぜひ、機会の不平等の拡大を避ける努力をしてほしいです。

日本の戦後が創り出した、どんなに田舎でも、全国どこに行っても、高い水準の教育を受けられる公教育、それがとても重要な所です。特に、皆さんは町村の教育長さんたちですから、うっかりしていると、大都市なんかとの格差が広がっていきかねません。皆さんが取り組んでいらっしゃる所で十分な水準の教育を提供すること、ぜひ機会の平等のためにそれをお願いしたいと思います。

(6) 財務省の壁

難しい問題がいろいろあるというお話の最後に、財政のお話をします。お手元の資料は、昨年(二〇一五年)年六月一日に財政制度等審議会の財政制度分科会がつくった、「財政健全化計画等に関する建議」というものです(https://www.mof.go.jp/about_mof/councils/fiscal_system_council/sub-of_fiscal_system/report/zaiseia270601/02.pdf)。これは、財務省におかれた審議会が教育財政の考え方について出したものです。それの四七頁と四八頁を見てみましょう。

「人口減少社会、特に少子化に伴う児童数の減少を踏まえれば、教育分野においても、一人当たりの教育サービス水準を維持し、教育の「質」の向上を図りつつ、「自然減」を踏まえて歳出の効率化・合理化を通じて歳出総額を抑制していくという基本原則は変わらない」と書いてあります。皆さん、この文章の意味が分かりますか？「一人当たりの教育サービス水準を維持し」というのは、「子どもの数が減るんだから、それに合わせて教育予算を削るよ」という意味です。さすが財務省です。だから、「「質」の向上を図りつつ」というのは、「お金をかけないで教育の質を上げなさい」という意味です。

そうすると、「自然減を踏まえて効率化をする、教員は増やさないけれど質を向上させなさい」というのが、ここに書いてあることです。

さらに、四八頁、「政策目的に応じて予算措置される定数（加配定数）について、大幅な予算措置が講じられてきているが、学力向上やいじめ問題の解決等といった課題に対して、他の施策と比較して有効な投資と言えるかどうか政策効果を改めて厳しく問う必要がある」と書かれています。これは要するに、「すでに加配は十分つけてあげてるよ」と言ったうえで、「エビデンスが示されない限り、教員の加配にもうお金を出しませんよ」と書いてあるのです。実際、経済財政諮問会議で「実際にエビデンスを文科省が出さないと加配をつけませんよ」というふうになったのが現状ですね。文科省は、厳しい状況ですね。簡単に加配は増えないということです。

もう一カ所、「教員の活用について地方の主体的な判断に委ねることとすれば、教職員定数について全体的な合理化を図りつつも、少人数学級又は少人数指導（ティーム・ティーチング等）を含め、地方が選択する施策を実施出来る十分なリソースが既に手当てされていると考えられる」と書かれています。これは、「地方で新しいことを考えても、もう十分加配教員をつけてあるんだから、それでやってくれ」という意味のことが書いてあるのです。これが、いまの財務省の姿勢です。

そうすると実に厄介です。今日お話ししたように、「これまでの教育の考え方を変えて、一人ひとり主体的に能動的に考えさせる教育に変えていこう」というふうに文部科学省は言っています。けれども、財務省は「そんなもんにお金、教員は出さない」と言っているわけです。そうすると、教育条件が一向に良くならないままに、教育の質を上げろというような話になっています。厳しいですね。

けれども、残念ながら文科省は無力なのです。財務省に押し返されて、教員も増えない。そうすると、また同じことを繰り返してるわけですね。学校の現場のゆとりが、先生の側の余裕や自由が、十分に確保できないままに、新しい教え方をやれと言ってるわけです。中央で作文するのは、またこれもゼロ円ですからね。それで、そのゼロ円の官僚作文によってですね、いま、現場が、何とかしないといけない状況になっているわけです。そのはざまに、皆さんがいらっしゃるわけですね。

私は、元々、戦前の陸軍将校の研究をしていましたけれど、この間の教育行政を見ていると、大本営の作戦計画みたいな、あれをちょっと思い出すのです。あの、「どこそこに行ったら、食料が現地調達できるはずだから、それで補給せよ」とか言って、大本営の参謀が作戦行動命令を出してきて、現地軍に押しつけられる。しかし、最前線の部隊が食料を現地調達しようにも、すぐに尽きてもう何も残ってない、という惨状になった。それと一緒のような感じを受けるのです。新しい教育をやれと言いながら、そのための条件が十分に保証されてない状態です。その最前線の現地にいらっしゃるのは、皆さんというふうなことになるのかもしれません。

一昨日〔二〇一六年五月一〇日〕に馳文科大臣が記者会見で言ったこともそうです。知識量を減らさないで「アクティブ・ラーニング」を導入するというふうな話になっていますから、これと同じ論理です。「教員は増やさないし、教える内容の量も減らさないけれど、アクティブ・ラーニングのような教育の高度化を進めなさい」というような話です。これは、考えれば考えるほど、現場にとって厳しい話です。やはりインパール作戦のようなものです。弾薬も食料も送ってよこさないけれど、インドまで攻めていけ、みたいなものです。「どうするのだ、これ」と思います。

教育行政に関わっていらっしゃる皆さんが、クッションです。どうか皆さんのほうで、できる限り、教育現場に余裕をつくってあげてください。大本営は最前線を知ろうともしないけれど、現地作戦本部の皆さんは、現場の状況をよくご存じだと思いますから。

おわりに

ここまでの話をまとめておきます。日本の学校はそこそこきちんとやっている。だけれども、詰め込み教育ではない教育に大きくシフトする時代になってきている。覚えさせる教育から考えさせる教育への大きな転換が、いまもとめられるようになっている。そういう話をしたうえで、その方向に進めていくために、皆さんに期待していることを、いくつかお話しさせていただきました。

教育の考え方を変えないといけない時代になっています。それができるのは、現場の先生がたがきちんと工夫をしていくことだと思います。その工夫を後押しし、現場に自由を保証し、余裕を創り出して、自己研鑽の取り組みを奨励していく、そういうことを、ぜひ、全国の教育委員会の皆さんに、やっていっていただければと思います。特に、資源が増えない中で、どんどん忙しくなっている学校の先生ですから、何とかしてゆとりをひねり出し、自由な試みを促して、いろいろな工夫をさせてあげてください。よろしくお願いします。

8　学校教育のいまと未来

一　学校という装置のバーチャリティ（仮想現実性）

（1）子どもたちの勉強ばなれ

子どもたちが勉強しなくなっている。

関西地区の中学二年生を対象にした教育社会学者のグループによる調査（二〇〇一年）では、一九八九年に比べて生徒たちの勉強時間が顕著に減っている。一九八九年には家での勉強時間が四三・七分だったが、二〇〇一年には二九・一分に減少、家でまったく勉強しない生徒の割合は三〇・二％から四四・三％に増加している（堀　二〇〇四）。

高校生も勉強しなくなっている。高校三年生の約四割が、家でまったく勉強していないという調査結果も出されている（東京大学大学院教育学研究科大学経営・政策研究センター編　二〇〇七）。

学力の国際比較調査（ＰＩＳＡやＴＩＭＳＳ）で、日本の子どもたちの学力がトップランクから落ちたということがマスコミで大騒ぎされてきているが、だからといって教師たちを責めるのは酷な気がしている。というのも、国際的にみても日本の子どもたちは家での勉強時間がきわめて少ないし、教科への興味や関心も最低レベルだからである。自分で勉強もしないし興味・関心もない日本の子どもたちが、まだ比較的高い点数をキープできているのは、学校の先生たちがそれなりにがんばっているからだと、私は考えている。

「あまり勉強に熱心でない日本の子どもの点数がまだ比較的高いのは、彼らが学校ではなく塾で学んでいるからではないですか」と質問されたことがあるけれど、それはちがう。塾で学べる数学だけでなく、理科でも同じぐらいの点数をとっているから塾のおかげというわけではない。学校は勉強したがらない子どもたちに、それでもかろうじて何とか学力をつけてきているのである。

(2) 無意味に映る学校教育

学力の「低下」や「二極化」は、それ自体重要な問題だが、それがいまの学校の根源的な問題ではない。みんなで考えないといけないのは、「学校教育で学ぶことが無意味だ」と、少なくない子どもたちに思われている点である。家での勉強時間の減少も、教科への興味・関心の薄さの問題も、突きつめるとそこに行きつく。学校における〈荒れ〉の問題も、学校ばなれ・勉強ばなれの問題も、学力低下の問題も、さらには進学率が五割を超えた高等教育の質保証の問題もそうだ。

少なくない子どもたちにとって学校教育が「無意味」に映っているとすると、なぜいまのようになり、それをこれからどうしていくのか、という問題として考えていく必要がある。「こんな面白くもないことを、何のために勉強させられるのか分からない」という子どもたちの声に、大人がどう応えるのか、という問題である。

（3）学校という「仮想現実」空間

そもそも、学校は、非日常のバーチャルな（「仮想現実」の）空間として生まれた。学校という空間は、子どもたちの日常の経験や知識とはかけ離れた空間として成立してきたのである。だから、子どもの目に「無意味だ」と映るのには、十分根拠があることになる。

ドイツの教育哲学者モレンハウアー（一九八七）は、学校空間の特異さを、提示（Präsentation）と再提示（訳書では「代表提示」）（Repräsentation）という概念を使って説明している。

学校がなかった時代、子どもたちは大人に混じって生活する中で、いろいろなことを直接経験し、学んで成長した。大人とともに過ごす生活それ自体が、学習であった（提示）。

しかし、学校では、大人の生活それ自体からは切り離され、代わりに、子ども向けに加工された世界（カリキュラム）が子どもに対して提示される（再提示）。ラテン語であれ、近代科学であれ、子どもが暮らす日常生活の中にはないものが、学校を通して学ばれるのである。この意味で、学校はそもそも「仮想現実」の空間である。

J・デューイは、「間接的な教育から制度的《フォーマル》な教育への移行には顕著な危険が伴う」と述べている。間接的な教育とはここでいう提示であり、制度的な教育とは再提示、すなわち学校を指している。何が「危険」なのか。「制度的《フォーマル》な教授の教材には、それが生活経験の主題からは切り離されて、単に学校での主題にすぎなくなってしまう、という危険が常につきまとう。持続的な社会的関心事が視野から見失われてしまうことになりやすい。社会生活の構造の中へもちこまれていないで、主として記号で表わされた専門的知識の状態にとどまっている教材が、学校において目立ったものとなるのである」ということである（デューイ　一九七五）。何の役に立つのかも分からないし、興味も関心もわかない知識の羅列――まさにいまの子どもたちの中で広がる学校教育への不満感と重なっている。

教育人間学の田中智志は、デューイの議論を引きつつ、学校のカリキュラムの特徴を「一般性」「専門的な分化」「論理的な形式化」の三点にもとめる（田中　二〇〇九）。

第一に、学校のカリキュラムは「一般性」を持っている。「教材の通用する範囲は、個人の経験を超えて「時間的にも空間的にも際限なく拡大されていく」」。このことは、子どもの「相対的に狭い世界」と対立している。子どもは自分がなじんだ狭い日常世界とは異なるものを学ばされることになる。「オレの生活に関係ないぞー」という声の源泉である。

第二に、カリキュラムは教科などの枠で、専門的に分化している。一つひとつの知識が、断片化されたものとして経験されてしまうことになるわけである。それは、子どもの「完結的な世界」と対立することになる。「バラバラで細かな知識が、いったい何の役に立つんだー」という声が出てくるのは、この点に関わっている。

第三に、カリキュラムは論理的に形式化されている。「科学的ルールで秩序化された知」なので、「子どもの世界を彩る関係性」と対立する。外在的なのである。「友だちづきあいなんかは自分の努力で変えられるけど、学校で学ぶものは、自分の手でつくり直したりできるものではない。一方的で不愉快だ」ということになる。

(4)「受験のため」の空洞化

ここまで述べてきたとおり、学校が与える知識が子どもの日常生活のそれとは乖離《かいり》していて、学校は、社会から切り離されたバーチャルな空間であったし、いまでもそうである。

だが、近年までの日本社会は、それでも子どもたちの学習意欲を何とか調達することができていた。社会的な上昇の手段としての学校という道具性によって、である。

明治維新以来、学校は、社会的上昇――立身出世――の道具だった。しかも、ほとんどの時期、それは大変な競争を伴っていた。学校で学ぶものが日常的な経験と無縁な知識であっても、それらを習得することが、競争に勝つ手段であり、未来の自分の社会的地位を約束するものである限り、子どもたちは進んでそれを学んだ。「いくらつまらないと思っていても、いましっかり勉強していけば、将来が拓ける」というのが、戦前から戦後のある時期までの「お約束」だった。実際、中等教育機関や高等教育機関で学ぶことで、他の多くの子どもたちとは異なる、恵まれた人生を歩むことができた。

戦後、進学率が上昇していく中で、高校も大学も大衆化していったけれども、学校は「競争だからやるしかない」と、生徒たちを勉強させることができた。いわば、「受験のため」という文句で子どもたちを学校につなぎとめることができていたのである。

しかしながら、そういう時代が転機をむかえた。それが、いまの学校の困難をつくり出している。

第一に、「豊かな社会」が実現して、絶対的貧困の問題が過去のものとなった。もちろん、相対的な貧困の問題は無視しえない問題として存在しているし、非正規雇用やワーキングプアーの増加のような、新たな貧困問題が浮上している。しかし、雇用問題の専門家や親たちの心配とはうらはらに、当の子どもたちに危機感が広がっているとはいいがたい。子どもたちの生きている世界は狭い。学窓を離れた後の世界を見通していまの自分を考えるだけの、十分な知識や判断力を持ちあわせていないのが普通である。

第二に、就学期間が長期化することで、「学ぶことの意味」が子どもたちにますます見えにくくなってきている。

一つには、大学や専門学校への進学率が上がり、中学や高校が「途中段階」にすぎなくなると、生徒たちには、将来の社会で活躍する自分の姿を具体的なイメージで描けなくなってくる。普段の学校生活が、どこにたどりつくのか分からない旅を延々と続けているような状態に思われてくるのである。もう一つには、学校自身が不利な進路を一部の生徒たちに割り当てる役回りを担うことになった。授業が分からない・面白くないだけでなく、いくらまじめにやったとしても、さほど夢があるとは思えないような進路しか保証されない、という思いをする生徒たちが出てきてしまうようになったのである。

第三に、競争圧力の減少がある。一九九〇年代初頭に一八歳人口が一つのピークを越え、少子化が進んでいる。もう一方で、九〇年代以降、大学の新増設があいつぎ、大学進学をめぐる競争はまったく新しい段階に入った。一部の難関大学を除けば、競争は軟化した。

こうした変化の結果、生徒たちの勉学を促してきた旧来の動機づけ——社会的上昇のためには勉強しないといけない——が作動しなくなった。「勉強しなくたって何とかなるだろう。だって、周りのみんなも勉強していないから」という、「勉強ばなれスパイラル」が広がることになった。

日本の学校は、長い間、そこで教えられる知識を習得することの意義を、生徒たちに十分説明してこなかった。ただ、「将来(進学や就職で)有利になるから」としか言ってこなかった。そのツケが、「勉強ばなれスパイラル」の形で噴き出しているのである。

二　これからの学校

(1)いくつかの戦略

ここ十数年の教育改革は、「何のために学ぶのか」という問題への対応を棚上げにしたまま、教える側の学校や教員を「もっと努力せよ」と叱咤する政策ばかりが数多く積み上げられてきた。学校選択制や学校評価の導入、不適格教員の排除と教員評価、教員免許更新制、全国学力テスト、……。

しかし、学習する主体は子どもなので、学校の授業が自分にとって無意味だと思う子どもが増えつつある中で、教える側をいくら追い立ててみても、十分な成果を上げることはできるわけがない。いかに教師をあおってみても、子どもたちは相変わらず勉強する意義が分からないままなのだ。

学校や教師をむやみに追い立てる仕組みではなく、子どもたちを「勉強しよう」と仕向ける仕掛けがどう可能なのかが、これからの学校の長期的な方向にとって重要であるように思われる。それにはいくつかの戦略がありうる。

第一に、恫喝戦略である。旧来型の学校教育をそのままにしておいて、「ちゃんと勉強しないと大変なことになるぞ」と子どもを恫喝する戦略である。たとえば、中教審答申「学士課程教育の構築に向けて(答申)」(二〇〇八年一二月)では、いまのセンター入試とは別に、「高大接続テスト(仮称)」の案が盛り込まれた。「進学したかったら、しっかり勉強しろ」という仕組みを再活性化させようというわけである。キャリア教育の導入も、ある部分、生徒への恫喝として作用する。「いまの労働市場はこんなに困難な状態にある。ちゃんと勉強して確実な進路を選ばないと社会の落伍者になるぞ」と。

中学や高校で学ぶことは後あとになって役に立つ、という視点に立てば、この戦略は悪くない。いやいやでもしっかり勉強しておいてもらうことが、将来いろいろな面で意味を持つかもしれないからである。ただし、この戦略では、学校で学ぶことに何の意味があるのかは、子どもたちには分からないままである。「大学へ進学するための道具」であったり、「資格を取るための基礎条件」であったりするにすぎない。無意味感と面白みのない学習を、子どもたちはやり続けることになるだろう。

第二の戦略は、学校生活の場を一つの社会と見なして、それをだれもが関わりがいのある場にしていく、という道である。生き生きとした関係で学校生活を活気づけることで、自然に子どもたちを勉強に方向づけるというやり方である。佐藤学の「学びの共同体」論がその代表例だが(佐藤 一九九五)、日本の学校が伝統的に培ってきた指導法でもある。

すなわち、教師が生徒との間に個人的・集団的な情緒的関係をつくり上げることで、生徒を勉強に水路づけるとか、どの生徒にも分かる授業を工夫することで、「学んで楽しい」と実感をさせるなどといったやり方である。バーチャルな空間である学校が、それ自体、子どもたちにとって自己実現や自己を発揮する場にする、という戦略だといってもよい。

ただし、学校文化は個人主義的で序列形成的な側面を持っているので(広田 二〇〇八)、どの子も包摂できるかどうかは、疑問がないとはいえない。

第三に、日常の経験世界の諸要素を、バーチャルな空間である学校に持ちこむ、という戦略がある。子どもを取り巻く日常世界と学校とをつなぐ道である。たとえば、教育内容を実生活の中の素材にもとめる「経験学習」は、ずいぶん昔から実践されてきた手法でもある。「総合的学習の時間」もそうした点が期待されてきた。あるいは、履修科目の選択を大幅に認めるカリキュラムは、いわば、個々の子どもが日常生活を通してつくり上げてきた興味や関心を、「選択」という形で学校教育に反映させようとするものであるといえる。

ただし、日常生活に引きつけることによって、子どもたちは自分が生きてきた狭い世界の主題に拘束されてしまう部分があることは否めないし、生活空間を異にする社会階層間で格差が拡大してしまう問題もはらまれることになる。

第四に、将来予想される具体的有用性を明確にしたカリキュラムを、学校教育の中に持ちこむ道もある。たとえば、職業的レリバンス(意義)を強調する本田由紀(二〇〇九)や田中萬年(二〇〇九)の議論がそうである。職業的な有用性とは別に、消費者教育や法教育など、実社会で直接役立つ知識を教えるべきだという議論もある。「将来役に立つ」ということを子どもたちに実感させられるカリキュラムに編成し直せば、確かにもっと子どもたちは興味や関心を抱いて主体的に勉強するようになるかもしれない。

ただし、職業教育の拡大は、労働市場とのミスマッチの問題や早期の進路分化の問題などをはらんでいる。また、学校のカリキュラムがあまりに直截に実社会を反映したものになることによって、基礎的な知識や教養の形成（一般陶冶《とうや》）の側面が後退することも危惧される。

(2) 世界への窓としての学校教育

最後に、もう少し視点をずらした戦略を提起しておきたい。それは、「いま学んでいるものの意義を、もっと子どもに理解してもらえるような授業をつくっていく」という道である。前に触れた田中智志が論じているとおり、「教材の通用する範囲は、個人の経験を超えて「時間的にも空間的にも際限なく拡大されていく」」ものである。そうであるとすると、学校のカリキュラムは、本来、子どもたちに日常を超えた広い世界につながっているはずである。「再提示」の空間は、そこで完結するのではなく、そこを起点にして、いろいろな世界につながっていく踏み台なのである。「子どもたちが生きていくことになる広い世界へとつながっていく窓」として、いまここで何かを学ぶことの意義を、子どもたちに伝えることはできないだろうか。

中学や高校で教えられているものが子どもたちにとって無意味に見えるのは、無意味に感じる学ばせ方しかしてこなかっただけなのではないか。

たとえば、受験の暗記科目と見られがちな高校の「世界史B」は、学習指導要領を読むと、ずいぶんちがった印象を与える。目標が「世界の歴史の大きな枠組みと流れを、我が国の歴史と関連付けながら理解させ、文化の多様性と現代世界の特質を広い視野から考察させることによって、歴史的思考力を培い、国際社会に主体的に生きる日本人としての自覚と資質を養う」とされている。また、具体的な事項には、「情報化、先端技術の発達、環境問題などを歴史的観点から追究させ、科学技術と現代文明について考察させる」といったことなども盛り込まれている。

もしも本当に、そのようなことを高校生が考えられるような授業が広がったら、とてもすばらしいことだと私は思う。「受験のため」でも「将来の仕事のため」でもなく、「まだ知らなかった世界に目を開かれていく喜び」を子どもたちに味わわせてやりたい、と思うのである。ただし、それには教師の高度な力量が必要である。

子どもたちにもっと勉強してもらう学校になるためには、いろいろな戦略がある。現実主義的なものから理想主義的なものまであり、それぞれが可能性と限界を持っている。学校の未来は、多様な戦略から何を重視し、どういうふうに学校を再編成し、その条件整備を進めるかについての、私たちの熟慮と決断にかかっている。

文献

佐藤学 一九九五、『学び その死と再生』太郎次郎社。
田中智志 二〇〇九、「カリキュラム――どのように構成するべきか」田中智志・今井康雄編『キーワード 現代の教育学』東京大学出版会。
J・デューイ、松野安男訳 一九七五、『民主主義と教育(上)』岩波文庫。
東京大学大学院教育学研究科大学経営・政策研究センター編 二〇〇七、『高校生の進路追跡調査 第一次報告書』同センター。
広田照幸 二〇〇八、「若者文化をどうみるか」広田編著『若者文化をどうみるか?――日本社会の具体的変動の中に若者文化を定位する』アドバンテージサーバー。
堀健志 二〇〇四、「ポスト学歴社会における学習意欲と進学意欲」苅谷剛彦・志水宏吉編『学力の社会学——調査が示す学力の変化と学習の課題』岩波書店。
本田由紀 二〇〇九、『教育の職業的意義——若者、学校、社会をつなぐ』ちくま新書。
元木健・田中萬年編著 二〇〇九、『非「教育」の論理——「働くための学習」の課題』明石書店。
K・モレンハウアー、今井康雄訳 一九八七、『忘れられた連関——〈教える—学ぶ〉とは何か』みすず書房。

9　地方分権と教育

(1) 地方分権化のゆくえ

「地域主権」をスローガンに掲げた民主党の教育政策プランが果たしてどこまで進んでいくのか、不透明な状況になっている(二〇一一年六月現在の話)。

マニフェスト二〇〇九では、中央集権体制から「地域主権国家」への転換に向けて、大胆な改革案が並んでいた。教育政策に関しても、公立小中学校の「学校理事会」による運営、教育委員会制度の抜本的見直しといった改革案が掲げられていた。また、民主党の政策集ＩＮＤＥＸ二〇〇九には、教育行政における国の役割を主要なものに限定し、「その他の権限は、最終的に地方公共団体が行使できるものとします」と述べていた。そこでは、文科省の廃止(中央教育委員会への改組)すら、構想の中に入っていた。

しかしながら、参院選(二〇一〇年七月)での敗北によるねじれ国会への転換、さらに東日本大震災と原発事故(二〇一一年三月)による危機対応や財政支出によって、民主党政権による教育改革は失速してきている。

とはいうものの、もう少し長い時間的射程でみると、地方分権化という大きな流れ自体は、さらに進んでいくように思われる。一九九〇年代初頭に地方分権をもとめる気運が高まって以降、分権化を好ましいとする考え方が左右の政治的な立場のちがいをこえて広く共有されてきているからである。

実際、中央では、二〇〇六年に地方分権改革推進法が成立した後、地方分権改革推進委員会からは、四つの勧告と二つの意見が内閣総理大臣に提出された。その後二〇〇九年に「地方分権改革推進計画」が閣議決定され、また、翌二〇一〇年には「地域主権戦略大綱」が閣議決定されるなど、分権化を進める動きは着実に進行している。

地方分権化の動きがさらに進んでいくとすると、学校関係者は何を考えないといけないのか。以下では、どのようなことがポイントとして指摘できるのかを論じてみたい。

(2) 分権化の持つ危うさ

地方分権化すればすべてがうまくいくというほどに、ことは単純ではない。それは、「分権化」の中身が実は多様であるからである。一九八〇年代前半の「臨調行革」以後の中央—地方関係改革は、基本的に三つの路線のせめぎあいの中で展開されてきた(市川 二〇〇八、九六頁)。その第一が全国知事会など地方六団体の路線であり、地方財源の現状維持を図りつつ、なおかつ国から地方への統制(関与)の減少をもとめるものである。第二は、大蔵省・財務省の路線であり、国の財政負担削減のために地方財政(主に地方交付税)の圧縮を図ろうとするものである。第三に、補助金や機関委任事務などを通じた個別機能別統制の存続を図ろうとする個別省庁(文部省・農水省・建設省など)の現状維持路線が議論に加わっていた。要するに、分権化の方向として、財源と権限の十分な委譲で地方の自律化を図ろうとする分権派、そうではなくて、単に財政をスリム化させるための分権派、また、総論賛成ながら自省庁については予算も権限も手放したくない各省庁との三つ巴《どもえ》の戦いの中で議論が闘わされ、事態が進行してきたのである。

だから、議論の展開次第では、地方に深刻なダメージを与えるような地方分権化が進んでしまう可能性もあるし、肝心な部分の分権化がちっとも実現しないということもありうる。「分権化＝善」ではなくて、どういう性質の分権化の議論が進んでいるのかを有権者が理解し、その是非を慎重に見きわめることが大切である。

さらに教育に関していうと、分権化に向けた問題がはらむもう一つのポイントをあげることができる。すなわちそれは、教育に関する行政事務が、首長の管理下にある一般行政部局から独立した行政委員会である教育委員会によって担われているという点にある。つまり、これまでの教育行政は、少なくとも制度的には、地方のドロドロした政治とは一線を画してきたということである。世界の中でも独特の制度を持つといわれる日本の教育委員会制度は、行政運営上比較的安定性・公平性・政治的中立が保たれるという長所を持つ。しかし一方で、それが、中央行政への依存や、新機軸の打ち出しにくさを生んできたともいえる。そうであるとすると、教育行政の分権化が、これまで通り独立した存在でいられるものになるのか、それとも、首長の影響力が強まっていくものになるのかで、地方における教育のあり方は大きく異なるものになるだろう。

いずれにせよ、教育の分権化が必ずしもバラ色の結果をもたらすとはいえない。よい結果になるかどうかは、制度の設計の仕方や運用の仕方にかかっているのである。

とりあえず気になるのは次の三点である。

第一は、財政面についてである。行政コストを減らすことに重点を置いた「みんなの党」や「減税日本」などが勢力を伸ばしてきているけれども、民意が減税や増税反対にのみ向いていくとすると、地方分権化は、単に財政的に弱い自治体を多く生み出すだけになる可能性がある。その場合、コストの節約が教育に向けられる可能性がある。本来必要とされる教育費が他の部分にふり向けられ、教育条件の整備や充実は後回しにされていきかねないし、それどころか、地方の裁量幅が広がると、ギリギリまでコストを切りつめるような自治体も出てくるかもしれない、ということである。

第二に気になるのは、ローカルな教育政策が混乱する可能性である。すでに首長や議会が教育への影響を強めつつある。青木栄一（二〇〇八）は、分権改革以降の教育政策立案では、首長と議会の影響力が強まっていることを数量的に実証している。教育委員会制度改革の事例を考察した村上祐介（二〇〇八）によれば、首長の政治的安定や首長—議会関係といった地方政府内部の政治的要因が、教育委員会の存廃に大きな影響を与えている。新顔で議会と対立しているような首長は、自らのリーダーシップを有権者にアピールするために、お金をかけずにいじり回しやすい教育という分野に目をつけて改革に踏みだす、ということなのかもしれない。

教育行政に対する首長や議会の影響力の増加には、一つには、シロウト教育論が幅をきかせてしまうかもしれない懸念がある。たとえば、「学校間の競争を制度化することが、すべての学校の質を高める」という、十分な実証的知見が存在しないような信念に基づいて改革がなされる、といった事例を思い浮かべることができる。

もう一つには、東京都教育委員会の二〇〇三年の一〇・二三通達[1]に見られるような政治的に偏った理念に基づく改革が自治体レベルで進んでしまう危険性もある。国レベルでは教育内容や教育のプロセスに露骨に介入することを謙抑していたとしても、個別の自治体において、首長や議会が大胆に教育の中身に踏みこんでしまうような事例である。

気になる第三の点は、「機会の均等」との関係についてである。個別の自治体で思い思いの教育改革を進めるとすると、結果的に自治体間でのパフォーマンスの差をどうしても生んでしまう。個々の自治体レベルでの改革は、日本社会全体での機会の均等についての配慮を欠いている。だから、改革が進めば進むほど、地域間格差が広がってしまう結果にもなりかねない。

（3）「これまで通り」もダメ

分権化の動きは手放しですばらしいわけではない。制度の設計や運用次第で、教育の分権化がいろいろとやっかいな問題を生んでしまう可能性もある。

しかし、だからといって、分権化の動きに背を向けて、「教育は、これまで通りのやり方が一番だ」と、新しい動きに目をつむるのも許されない。すでに変化は起こっている。何も考えずに上が決めてくれた通りに教育行政や学校経営をやればよい、というようなやり方は改めないといけない。前例踏襲主義や上意下達主義ではダメなのだ。分権化の進行によって、「考える教委」「考える管理職」「考える教員」であることが強くもとめられるようになってきている。

たとえば、二〇〇六年の教育基本法改正である。改正された教育基本法では、教育行政に関して、

「国と地方公共団体との適切な役割分担及び相互の協力」が謳われた（第一六条）。そして、地方公共団体は、国がつくった教育振興基本計画を斟酌《しんしゃく》しながら独自に基本的な計画を定めることが努力義務として課された（第一七条）。個別の自治体ごとに、それぞれできちんと議論をし、教育施策のビジョンをつくって教育をやれ、ということである。

学校単位での独自の試みもなされるようになっている。一九九〇年代末から学校評価の制度化が進んできた。その考え方の基底の一つにあったのは、自己点検評価の導入によって、個々の学校での独自の自主的な取り組みを促進したいという文科省の考え方であった（広田・池田 二〇〇九）。二〇〇四年に制度化されたコミュニティ・スクール（学校運営協議会制度）や、二〇〇八年の学校教育法施行規則改正で制度化された教育課程特例校制度なども、個別の学校単位で独自の教育のあり方を追求することを可能にする制度である。

個々の自治体や個々の学校で、どういう教育をやりたいのかをきちんと考えろ、という仕組みになりつつあるわけである。

もう一つ、学習指導要領の最低基準化（二〇〇三年）のインパクトについてもふれておきたい。教育内容をどうするのかというレベルでも、独自の裁量幅が生まれてきているということである。青木栄一（二〇〇八、一三二頁）は、次のように述べている。

〔かつては〕文部省の運用上、学習指導要領がカリキュラムの最低基準かつ最高基準であったため、論理的には独自教材の必要性はなかった。……教科書に即した教育を行えばよかったため、教育の政策共同体にとっても特段積極的な関心を持つ施策ではなかった。……

ところで、現行学習指導要領の運用に当たり、最低基準であるという解釈が採用された。従来は学習指導要領の記載内容を反映した教科書の記載事項をいわば忠実に教授することが求められたが、現行学習指導要領の運用変更に伴い、結果的に市町村による教材作成の余地が生じた。……〔犬山市や品川区などの例は〕教授内容の独自化、高度化を意味し、上乗せ施策ということができる。

要するに、学習指導要領の最低基準化によって、教授内容のレベルでの自由度が増したのである。ここでは自治体による独自教材の作成が論じられているのだが、実は個々の学校レベルにとどまらず、個々の教員のレベルでも、この自由度を使いこなすことがもとめられている。最低基準から上に関して、何をどう展開するのかという問題は、教員一人ひとりが考えないといけない課題になったからである。かつての時代以上に、専門的な判断と創意工夫とが必要になってきているといえる。

以上のように、「教育は、これまで通りのやり方が一番だ」と、前例踏襲主義や上意下達主義に安住していてはダメな時代になってきている。

しかしながら、地方の教育委員会や学校の現場の中には、そうした分権化の趣旨をわきまえない硬直化した対応が、しばしばみられる。たとえば、教育課程行政に関して、水原克敏（二〇一〇、二五八頁）は、次のように述べている。

現在の日本では、各学校に特色ある教育課程を編成するように求められていますが、伝統的には国定の学習指導要領で法的拘束力を持たせて統制してきた長い経緯があるので、ここにきて各学校に対して裁量幅を生かして独自の教育課程を編成するよう要請しても、そう簡単には動かないほどに教育課程は固くなってしまいました。

特に、これを監督指導する教育委員会において独自の教育計画を作り、管内向けにある種の標準化を図っているので、国レベル以上に窮屈になっていることが多いようです。教育委員会の指導主事の方々は、教育課程の原理原則について専門的に研究しているわけでもないので独自の判断が難しく、学習指導要領改訂については伝達講習を受ける程度で対応しています。その際、管内学校への公正で間違いのない対応を心がけるために、結果的には狭い枠内で指示しがちなのです。

教育行政の末端は、長い間、自分たちでものを考えるということをしてこなかった。教育委員会に権限が下りてきても、それを横並びの標準化や画一化に向けて行使したりするから、結局、これまで以上に窮屈な学校現場になったりする。独自の判断ができる部分があるにもかかわらず、組織の体質が旧来の伝達講習の枠組みから抜けられないから、何も考えないで指示を出す指導主事や、何も考えないで指示を待つ学校のような状況が続いている。旧套墨守《きゅうとうぼくしゅ》の体質が、教育の分権化が持つ多様な可能性を封殺してしまっている。「自分でものごとを考える子どもをつくろう」というスローガンを掲げる教育委員会や教員が、自分では思考停止していたりするのだから、まことに皮肉な状況である。

（4）何をすべきか

教育の推進にあたって地方でできることは増えているし、おそらく今後もさらに増えるものと思われる。よって、教育委員会関係者も、現場の管理職や教員も、誰もが思考停止していてはいけない。今後に向けて考えていくべきことをいくつか挙げてみる。

まず一つには、教育法規を読みこなすことである。それは、自分たちが取り組んでいる教育について、与えられた枠組みから逸脱しないためではなく、①どこまで自由なのかを確認するためであり、②条例や規則をつくったり変えたりする可能性を探るために、である。先にも触れたとおり、現在は、中央のレベルの改革によって、さまざまなことをやろうと思えばできるようになっている。だから、きちんと研究すれば可能性が見えてくる。憲法・教育基本法から末端の規則や手引きのたぐいまで、教育の世界にはさまざまなルールが設定されている。どこが動かせないのか、どこは自由なのかをきちんと研究すれば、きっとできることは増える。「学校管理規則の手引きでこうなっている」といわれたら、「じゃあ、それを○○のように変えてくれ。根拠規定は××だ」と要求すればよい。

すべきことの二つ目は、学校に自由を保証することである。自由な環境の中で、個々の学校や教員が創意工夫してくれないと、分権化した仕組みは機能しない。つまり、①学校で自由になるお金や人がある程度つかないと、特別なことはできない、②カリキュラムや方法の自由度が保証されないと、オリジナリティのある工夫はできない、ということである。先にも述べたように、教育委員会レベルで妙なしばりがかかると、いつまでたっても、現場レベルでの創意工夫は引き出せない。

第三に、多様な教育の可能性について、もっと勉強することが必要である。これまでのように、先輩の姿やそこから学んだこと、あるいは自分が培った経験ばかりをあてにしていては、新しい教育を創造していくことはできない。教育問題の現状について誤った理解をしていたら、改革や改善がすじちがいのものになってしまう(広田・伊藤 二〇一〇)。

分権化した仕組みは、これまでの教育が持っていなかったもの、やっていなかったものを、自分たちでさがしてつくっていく作業であるといえる。「これまで目の前になかったもの」を自分たちでつくる作業なのである。だから、教育行政関係者も学校の先生がたも、もっと勉強してほしい。デューイの議論の中に新しい教育へのヒントがあるかもしれない。フィンランドの教育の中に参考になる点があるかもしれない。柳田國男が描く村から新鮮なアイデアが湧いてくるかもしれない。

教育の地方分権は、まだないものを自分たちでつくり出せ、という仕組みである。だから、それは関係者一人ひとりがしっかり学び、考えることを必要としている。大変である。しかし、クリエイティブな仕事というものは、本来そういうものだ。地方分権が混乱と徒労をもたらすのか、それとも内実のある教育を生み出すのかは、ここが分かれ目だと思う。

(1) 東京都教育委員会は、二〇〇三年一〇月二三日付で、都立学校の入学式・卒業式などにおける国旗掲揚・国歌斉唱の実施について細かな指示を定め、このことについて校長の職務命令に従わない教職員は服務上の責任を問われることを周知すべき旨を通達した。

参考文献

青木栄一 二〇〇八、「分権改革のインパクト――教育政策にみる自治体政治行政の変容」『年報政治学二〇〇八-Ⅱ』木鐸社。
市川喜崇 二〇〇八、「分権改革はなぜ実現したか」『年報政治学二〇〇八-Ⅱ』木鐸社。
広田照幸・池田雅則 二〇〇九、「学校評価の制度化をめぐる政治過程――一九九〇年代後半～二〇〇六年の展開」『研究紀要』第七七号、日本大学文理学部人文科学研究所。
広田照幸・伊藤茂樹 二〇一〇、『教育問題はなぜまちがって語られるのか？ ――「わかったつもり」からの脱却』日本図書センター。
水原克敏 二〇一〇、『学習指導要領は国民形成の設計書――その能力観と人間像の歴史的変遷』東北大学出版会。
村上祐介 二〇〇八、「行政組織の必置緩和と地方政府の制度選択――教育委員会制度改革を素材として」『年報政治学二〇〇八-Ⅱ』、木鐸社。

10 「学校のガバナンス」の光と影

はじめに

ここでは、学校のガバナンス改革、特に、保護者や地域の参画の功罪について、実態を踏まえながら論じてみたい。

そもそも、「ガバナンス」という概念は、「ガバメント」に代わる新たな統治の形態として、行政学の中で打ち出されているものである。それは、一方では、民間企業の経営手法をまねた効率化やスリム化を意味する文脈で使われ、もう一方では、多様なステークホルダー（利害関係者）の参加による民主主義の活性化を目指す文脈でも使われる。後者については、「新しい公共」の理念と結びつけて語られることが多いようである。

「学校ガバナンス」については、後者の文脈で、特に保護者や地域の人たちの関与や参画が理想として語られてきている。参加民主主義的な学校運営への改革という意味合いである。具体的には、学校評議員制度、学校運営協議会制度（いわゆるコミュニティ・スクール、CS）、学校支援地域本部、保護者や地域が関わった学校評価などが、この十数年の間に制度化されてきた。ここで問うてみたいのは、そうした諸制度が実際にはどのような状況にあるのか、またそれが持つ長所と短所は何か、という点である。

(1) 地域や保護者はどう関わっているのか

民主主義的な理念を実現するという像を念頭に置いて実態を見てみると、現実はものすごく失望させられる。

第一に、うまくいっている学校の事例ばかりが取りあげられがちだが、実際のたくさんの学校では形骸化している。学校評議員制度が有効に機能している学校もあるが、そうでない学校もある。学校支援地域本部も、既存の組織や活動との関係が屋上屋のようになっているふしがある。コミュニティ・スクールも、「制度導入を先行させたため、活動が形骸化している。「名ばかりCS」も少なくない」(『内外教育』二〇一一年七月一日号)。

第二に、保護者や地域の人たちの関与の内実を見ても、学校の意思決定に参加するという姿とはほど遠い。周辺的で部分的な活動への参加にとどまっている。大分県で学校支援地域本部事業を実施する市町村の保護者らに調査を行った中川忠宣ら(二〇一〇)によれば、保護者も地域住民も、参加した活動で多いのは「安全パトロール」(保護者六八・一%、地域住民四九・七%、以下同じ)や「環境整備」(五三・二%、三六・〇%)である。「今後したい活動」も同様である。普段の教育に直接関わるような活動への参加率も、参加意欲も高いわけではない。

第三に、保護者や地域の代表が学校の意思決定に参加するプロセスにおいても、どこまで民主主義的な討議がなされているのか、疑念を感じざるをえない。

コミュニティ・スクールの校長にアンケートをした佐藤晴雄らの調査(二〇一〇)によれば、学校が提示した教育方針・教育課程などに対して学校運営協議会の場で修正意見が出たのはわずか一六・八%、教職員人事についての意見が出たのは一七・九%にとどまっている。よく取りあげられる議題は「地域人材の活用」「学校評価」「学校行事」「地域等の協力」であって、意思決定よりも承認や支援の側面のほうが強い。

学校運営協議会での意思決定プロセスの事例研究を行った日高和美(二〇〇七)は、会議の進行役次第では異論や疑念が出されることもありうる、と結論づけている。裏返していえば、議論は活発になされているけれども、おおむね学校側で設定した枠組みに沿ったものにとどまっているとみることができる。少なくとも地域委員(自治会代表)は基本的に学校に対して、ひたすら協力的な立場のようである。

だから、保護者や地域の人たちが校長や教師と対等な関係で一緒に学校をつくる参加民主主義的学校という像は、実情からははなはだかけ離れている。

(2) 地域とのつながり

だからといって、ここで検討している諸制度が無意味なわけではない。地域の人たちの理解や協力を取りつける手段としては有効に機能しているようである。学校運営協議会の意見で実現した具体的事項について、佐藤らの調査では、コミュニティ・スクールの校長の八七%が「地域人材が活用されるようになった」と回答している。制度の成果として上位にあげられているのも、「学校が地域に情報提供するようになった」「地域が協力的になった」「特色ある学校づくりが進んだ」など、地域とのつながりの強化や、地域にある資源の活用という効果である。学校運営協議会制度の成果を教育委員会に質問した笠原祐也ら(二〇〇八)の調査でも、「最も変化した点」「変化した点」としてあげられているのは、「地域の協力が得やすい」(二二・一%、六一・一%)、「地域の理解が得やすい」(一〇・六%、六二・八%)、「地域の協力による授業」(八・〇%、四六・九%)、「情報が地域に伝わりやすい」(三・五%、五六・六%)など、地域との関係に関わる項目が上位に並んでいる。

学校支援地域本部の活動に関わってどんな変化があったかを尋ねた中川ら(二〇一〇)の調査では、保護者でみると「学校・子どもの様子がわかった」(五六・八%)、「人と知り合う機会の増加」(四一・二%)が多く、地域住民は「人と知り合う機会の増加」(五〇・五%)、「子どもへの関心が深まった」(三一・六%)となっている。

学校が情報発信をし、対話の機会を持ち、一緒に活動すること、保護者や地域に対して学校側の開かれた制度があることで、保護者や地域の理解や協力が得られる、という点が何よりもメリットだと思われる。

(3) マイナス面も多い

しかしながら、地域からの支援が教職員の負担を増やしている側面もある。笠原ら(二〇〇八)の調査で、「教職員の負担が減る」効果があったと答えた教育委員会は「最も変化した」「変化した」を合わせて七・一%にすぎないのに対して、「教職員の負担が増えた」という回答は二三・一%にのぼった。

コミュニティ・スクールの校長に尋ねた調査でも、「管理職や担当教職員の教務負担が大きい」「協議会の提案事項を遂行するために教職員が多忙になる」の項目に「はい」という回答が、それぞれ五三・五％、三八・九％にのぼった（佐藤編著 二〇一〇）。東京の中学校二校の学校支援地域本部の事例研究をした本迫庸平（二〇〇九）は、教員の余分な仕事を省くはずの地域本部の活動で、かえって教員の負担が増えている様子を記述している。

露木昌仙全国連合小学校長会（全連小）会長は、次のように述べている。「地域の人が関与する学校運営協議会が「お金を掛けろ、人を厚くしろ」と言っても、校長の権限ではできない。予算権も人事権もない中で、ただ「ああしろ、こうしろ」と言われても、校長は耐えられない。……区に一、二校ならその学校に優秀な人材を回すなどの配慮をして教育委員会も支えられるが、区の全校になったときは、支えられなくなる。文科省はＣＳ設置の数値目標も検討しているが、本末転倒だ」（「学校裁量の遊軍的教員が必要」『内外教育』二〇一一年六月二一日号）。

おわりに

以上のことをまとめたうえで、今後のことについて考えを述べてみたい。

まず第一に、現状の諸制度は、参加民主主義の理念とは大きな距離がある。さまざまな考え方やアイデアがぶつかり合うような、民主主義的な議論や意思決定の場としては機能していないのである。また、多くの保護者や地域が実際に関わるのは、学校関係の下請け仕事や周辺的な活動にすぎない。第二に、とはいえ保護者や地域との関係の改善や緊密化という点では、プラスの効果が見られる。理解や協力が得られるという点では意義があるのである。第三に、ただし保護者や地域との協議や調整のための校長や担当教員の負担は大きいし、何かがそこで決められれば、一般教職員の負担も減るのではなく増える傾向にある。

岩永定（二〇〇八）は、「学校ガバナンス」という語を使わねばならないほど大きな状況の変容が生じているのか、と疑問を投げかけている。確かにその通りだ。お金も時間も権限もない中で、学校は苦しみながら新しい事態に対処しようとしている。地域との良好な関係づくりに腐心し、スムーズな議事運営を演出し、外部から出される支援の手を周辺的な活動に限定することで、教育活動の本体を守っているともいえるのである。

リアリスティックに考えると、「新しい公共」とか「参加民主主義」などといった現実からほど遠い理念は捨てて、保護者や地域の人たちから信頼されるような仕掛けとして、いまの学校参加の諸制度の役割を限定的に考えるのが、一つの道である。あるいは、非常事態において活性化する制度ぐらいに考えておくこともできる。

もちろん、予算を増やし権限も拡充して、学校の裁量を広げる戦略はありうる。それがもう一つの道である。ただし、そこでは、本当に保護者や地域の人たちが、意思決定や実施の過程で十分な役割を果たしてもらえるかどうかという難題がある。また、裁量の拡大は、意思決定すべき事項の重要性を高めることになる。そこでは、重要な決定が当事者たちの討議でなされることになるから、膨大な時間と手間を覚悟しておかねばならない。失敗の可能性も考えられる。「民主的な学校像」は、時間コストや、愚かな決定が生まれるリスクも抱え込んでいるのである。

文　献

岩永定　二〇〇八、「学校ガバナンスの保護者の位置」『日本教育行政学会年報』第三四号、日本教育行政学会。

笠原祐也他　二〇〇八、「学校運営協議会の導入と活動等の分析――全国の学校運営協議会導入校の学校と地域連携効果の分析その1」『日本建築学会大会学術講演梗概集』。

佐藤晴雄編著　二〇一〇、『コミュニティ・スクールの研究――学校運営協議会の成果と課題』風間書房。

中川忠宣他　二〇一〇、「「学校支援」についての保護者と住民の意識の相違に関する一考察」『大分大学高等教育開発センター紀要』第二号。

日高和美　二〇〇七、「学校運営協議会における意思決定に関する考察――校長の認識に焦点をあてて」『教育経営学研究紀要』第一〇号。

本迫庸平　二〇〇九、「学校支援地域本部の教育活動に関する一考察――中学校の事例研究を通じて」『東京大学大学院教育学研究科紀要』第四九集。

11　保護者・地域の支援・参加をどう考えるか

はじめに

保護者・地域による学校支援や参加の動きが進んでいる。それらは個々の実践紹介のレベルだけでなく、議論の枠組みのレベルにおいても手放しで礼賛されているように思われる。だが、もしもうまくいっていない事例や意図せざる結果に苦しむ事例があるとすると、議論の枠組みのレベルで考えてみるべき点があるのではないか。ここでは二つの点を問題提起として論じたい。

(1) 保護者・地域が参加する学校は共同体か組織か?

保護者・地域による学校支援や参加を扱う教育学の議論は、ほとんどの場合、①保護者や地域を、考え方や利害が共有された一枚岩のものとみている(あるいは、共有されることが望ましい、とされる)。そして、②学校と保護者・地域とは、良好な協力関係が望ましいし本来の姿だ、とされる(図11―1)。そこには、紛争や異論は「望ましくないもの」として敬遠される体質がある。これを、「共同体モデル」と呼ぶならば、学校支援論や参加論の多くは、暗黙の前提理論として、共同体モデルに依拠している。

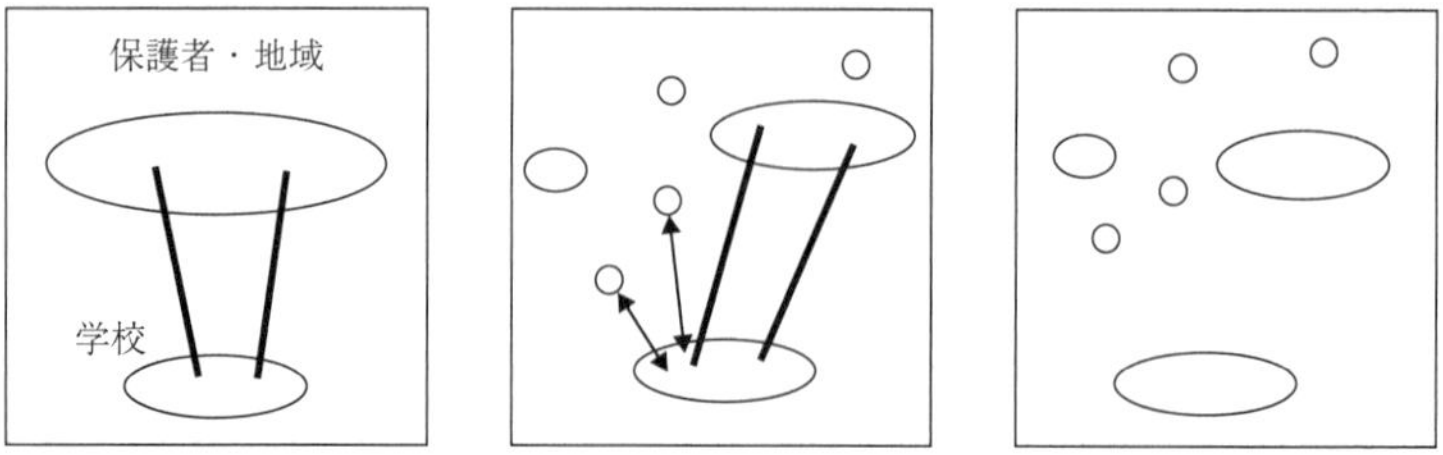

（━━：支持・協力関係，⟷：批判・対立関係）

図 11-1
共同体モデル

図 11-2
現実の多様性

図 11-3
多元的組織モデル

しかしながら、現実の保護者や地域の人たちは、多様な考え方や利害を持っている。しかし、学校は、町会代表やＰＴＡの有力者など、おおむね学校に好意的で協力的な人たちとの関係に特化しがちである。それゆえ、討議の場が地域社会の現存の権力関係の複雑さをそのまま反映するわけではなく、地域や保護者の代表は、均質なものになりがちなのである（Vincent 2003）。保護者や地域の人の中には、現状に批判的な人や無関心な人もたくさんいる（図11―2）。だが、保護者・地域による学校支援や参加を扱う議論では、図11―2のような対立を含んだ状況は「問題だ」とみなされ、図11―1のような像に向けた取り組みや提言がなされる。そこに問題がある。第一に、紛争や異論（の可能性）を排除して同質化の圧力を正当化する、イデオロギー的な議論になってしまう。第二に、不満層・物言わぬ層をこっそりと排除してしまうモデルであり、また、文化資本や社会関係資本の有無が学校への影響力を左右してしまう（Horvat et al. 2006）。

社会の現実に存在する多元性に着目して、「保護者は多様だし、地域の人も多様だ」ということを前提にした理論モデルをつくっていく必要があるのではないか（図11―3、ただしモデルの実質部分はまだ描かれていない。今後の研究者が描いていくことになる）。むしろ、硬直しがちな制度を柔軟に調整するものとして、紛争や異論をポジティブに位置づけるモデルである。私は学校参加について、次のように書いたことがある。

学校参加は、個人と制度の軋轢を調整するための新たなメタ制度の試みであるといえるだろう。一つには対話や情報の流通というツールを通して、もう一つには、親や地域の人たちが制度内のメンバーとなることで、諸個人の多様性と定型的な制度との間で生じるきしみを事前に回避したりフォーマルな手続きにのせることで、より柔軟に調整しようとしたりするものである。……

これまでの学校には外部からのクレームを取り入れるフォーマルな回路がなく、それゆえ、学校への不満は、親と子による孤立した抗議や要求、教育運動やメディアによるキャンペーンなど、インフォーマルで攻撃的な形で学校に対してなされることが通例であった。そういう意味では、「参加」の制度化をうまくやれば、摩擦は小さくなりうる。親や子供の要求や希望が、対立や批判という形を通してではなく、意見の表明や意思決定への参加という形をとることで、より穏やかに学校の日常に反映しやすくなるからである。（広田 二〇〇四、六四～六五頁）

(2) 参加コストと裁量の問題

もう一つの問題は、参加コストと裁量の関係に関わっている。個々の学校の裁量範囲がごく限られているような学校参加に、誰がどこまで望んで関与するのだろうか。逆に、学校の裁量が大きくなった制度を考えると、保護者は関与しないことのリスクを否応なしに考えざるをえなくなる。

保護者や地域の人は、教育に関心や知識が特に高いわけではない。ほとんどの人は、子どもの教育とは別の、自分の仕事や活動に人生の多くの時間を費やしている。学校参加の障壁として、保護者にとっての時間コストの問題がある。公立小学校の保護者をいくつかのセグメントに分類した露口健司(二〇〇九)は、一人親かどうか、母親の就労の有無といった点が学校参加の態度に影響を与えていることを示している。C・ビンセントも、実際の「対話」には、労苦や不満や疎外など、さまざまな問題がつきまとっており、「われわれの大部分は、教育のような公的セクターのサービスに関わるタイプの集団的な行為には、関与しないし、しようとも思わない」と論じている(Vincent 2003)。

教育行政の担当者や教員は、自分の時間を惜しみなく教育の改善に向けて費やすことができる(それが仕事である)けれども、多くの人にとっては、それは負担にもなる。学校の支援や学校運営への参加は、一般の人たちにとっては、貴重な時間コストを支出する活動だといえる。特に、学校の重要な課題に対して、十分な知識や情報を手に入れて対応しようとすると、かなりの時間や労力が必要になる。また、参加者が偏らないように広い層の参加を促すことは、多忙な人たちや関心の薄い人たちに時間や労力の支出をもとめることになる。

このように考えてくると、参加コストと裁量の問題には、ある種のジレンマが存在しているといえるのではないだろうか。

もしも学校への参加によって決定し得ることの裁量がごく小さいならば、参加によるメリット・デメリットが小さい。その場合、意思決定の過程に参加しなくても、ひょっとして生じるかもしれないリスクは無視しうる。それゆえ、コスト回避の心理が働くから、参加は低調になる。その結果、支援や参加の儀礼化と、一部の関係者への閉鎖化が進むことになる。

一方、学校への参加によって決定し得ることの裁量が大きくなったら、参加によって生じるメリット・デメリットが大きい。わが子が通う学校がどうなるかは、参加者の議論で大きく左右されることになるからである。その場合、非関与でいることのリスクが浮上するから、参加圧力が強まる。また、重大な選択を個々の学校レベルで行うとすると、重大であるがゆえに意見の対立などの紛争が増大する可能性もあるし、議論や決定に膨大な時間を費やさねばならないことを覚悟しておかないといけない。参加が不十分だと、特定の保護者や地域の特定の人の意見が重大な決定を強く左右してしまう可能性もある。さらには、その重大な決定に不満を持つ人が出てきたり、その決定が失敗を生んだりすることによって、保護者の中には地元の学校に見切りをつけて私学に子どもを通わせるなど、退出(exit)行動が生じるかもしれない。

学校参加者が大きな裁量の余地を持てば持つほど、学校参加は保護者や地域にとって重要になり、参加のすそ野は広がるかもしれないけれど、調整しなければならない個人と制度との軋轢も増大していく。重要な決定がいつも保護者のすべてを満足させるようなことはありえないからである。

(3)ではどうする?

保護者・地域の支援・参加を考えるために、保護者や地域の多元性を前提とした理論枠組みがもとめられる。参加民主主義の理想を掲げるならば、学校参加者の裁量を大きくして、保護者や地域の広い層の深い参加を促していくのが、考えられるひとつの道である。しかしながら、そこでは、先に述べたような問題が生じる可能性がある。ここには、ジレンマがある。

学校参加者の裁量を小さいままにしておいて、支援や参加を限定的なものにするというやり方もある。現状はこれに近い（広田 二〇一一）。それはそれでよいのかもしれない。その場合は、保護者や地域に対して学校から情報発信をし、信頼関係を築くための仕掛けのひとつ、という程度の限定的な位置づけになるだろう。

いずれにせよ、少なくとも、共同体モデルではないモデルで、さまざまなステークホルダーの位置や関係が考えられなければならない。

文献

露口健司 二〇〇九、「公立小学校における保護者セグメントの決定要因――学校との相互作用、家庭効力感、コミュニティ効力感の視点から」『日本教育行政学会年報』第三五号。
広田照幸 二〇〇四、『思考のフロンティア 教育』岩波書店。
広田照幸 二〇一一、「「学校のガバナンス」の光と影」『月刊教職研修』第四六九号、教育開発研究所〔本書第一〇章〕。
Horvat, Erin McNamara, Elliot B. Weininger, and Annette Lareau 2006, "From Social Ties to Social Capital: Class Differences in the Relations Between Schools and Parent Networks," Hugh Lauder, Phillip Brown, Jo-Anne Dillabough, and A. H. Halsey (eds.) *Education, Globalization & Social Change*, Oxford University Press.
Vincent, C., (ed.) 2003, *Social Justice, Education and Identity*, Routledge-Falmer Press.

Ⅲ

教員の養成と研修

12 教員の資質・能力向上政策の貧困

教員養成・採用・研修を一体化した改革が進められています。教員の資質・能力の向上を国や行政が支援するという、もともとの発想自体は、私は悪くないと思います。できるだけ安上がりの教員を雇って公教育のコストを節約したいとか、教員間や学校間での競争と評価で教員に頑張らせようという、アメリカやイギリスのようなやり方よりもはるかに健全です。

また、改革の背景にある、教員の質の向上に向けた取り組みが必要な時期になっているという考え方にも、納得できる所があります。かつて大量に採用された時期の教員が大量に退職期を迎えてきているため、現場で協働しているうちに先輩教員―後輩教員の関係の中で自然になされていた技術や技能の伝達が難しくなってきました。保護者や社会からさまざまな要求をつけられる時代になって、対応が難しい課題が増えてきました。思考力・判断力・表現力等をはぐくむような、新しい授業の考え方が基調になってきて、教え方の技法でも、これまでのあり方を見直す必要が出てきています。だから、「一生学び続ける教員」という像を立てて、それに向けて教員の質の向上を図っていくということには、私は賛成です。これからの時代の教員像として、「一生学び続ける教員」という理念はすばらしいと思います。

しかしながら、いま進められている実際の改革は、どうもいけません。問題だらけな気がしてなりません。目標設定の次元でも、手段の選択の次元でも、大きな問題をはらんでいるように思うのです。

ここでは、まず改革の動きを簡単に整理したあと、基本的な問題点をいくつか指摘し、教員養成の部分に関わる「教職課程コアカリキュラム」に焦点を当てて問題点を掘り下げてみたいと思います。

一　改革の経緯

まず、改革の経緯を整理しておきます。今回の改革のベースになっているのは、二〇一五年一二月に第二次安倍政権下で出された中教審答申（「これからの学校教育を担う教員の資質能力の向上について――学び合い、高め合う教員育成コミュニティの構築に向けて」）です。この答申を受けて、大学の教員養成課程では教職課程コアカリキュラム（以下、「教職コアカリ」）がつくられて、それが課程認定に使われたため、各大学や担当教員は大変な思いをしました。もう一方で、この答申で、各都道府県等の教育委員会では教員の育成指標をつくることになり、指標づくりを進めて研修との対応づけをやってきました。

実は、この答申の前に、民主党政権のときに一度、教員の資質能力の向上策が検討され、答申がつくられました。二〇一〇年に川端達夫文科大臣から諮問され、中教審が二〇一二年八月に答申をまとめました（「教職生活の全体を通じた教員の資質能力の総合的な向上方策について」）。二つの答申は、教員の資質能力の向上策という点で問題意識は同じで、教員の養成・採用・研修を一体化して改革しようとする視点も同じでしたが、後述する通り、その具体的な方向性にはいくつかの大きなちがいが存在しています。

二〇一二年八月の答申を受けて、「教員の資質能力向上に係る当面の改善方策の実施に向けた協力者会議」が設置されました。「修士レベルの教員養成課程の改善に関するワーキンググループ」と、「教職課程の質の保証等に関するワーキンググループ」とをつくってそれぞれ検討を始めたのですが、同年一二月の総選挙で自民党が政権に返り咲いたことで、状況が変わりました。この会議は限定された課題の検討にとどまり、二〇一三年一〇月に教職大学院の改革案を報告にまとめて解散しました。

第二次安倍政権下での新しい議論は、二〇一四年五月から、中教審の教員養成部会に置かれた「教員の養成・採用・研修の改善に関するワーキンググループ」で始まりました。このワーキンググループは、同年七月二四日に論点整理の報告をまとめ、一一月六日には教員養成部会が小中一貫教育に関わる対応を中心にした報告を出しました。しかし、この時点ではまだ、それらの中に教職コアカリも育成指標も出てきていませんでした。

二〇一四年七月二九日に、下村博文文科大臣が諮問した「これからの学校教育を担う教職員やチームとしての学校の在り方について」に関する中教審での検討が、教職コアカリや育成指標が登場してくる出発点になりました。

この主題についての検討を進めていたのが初等中等教育分科会の中の教員養成部会です。同部会の議事録を見ると、二〇一五年三〜五月の回に、教員のライフステージに即したルーブリックやスタンダードが必要ではないかという意見が委員から出され、育成指標が中間まとめに盛り込まれたことが分かります。「教員の到達目標について、教員の養成段階、初任の段階、中堅、ミドルリーダー、管理職など、各段階での専門性基準というものを共通認識として、ナショナルスタンダードをつくっていく必要があるのではないか」、「各教員のライフステージに応じた段階でスタンダードなり、ルーブリックなりがあったほうがよい」といった、育成指標につながる意見が教育関係者の委員から出されていました。教職コアカリを自前でつくった岡山大学の事例も紹介され（五月一八日）、教職コアカリも盛り込まれることになったようです。

要するに教員養成や研修に携わってきた委員たちが、「良かれ」と思って提案・支持し、中間まとめに教職コアカリや育成指標の作成の話が入った、ということです。私はそれらにはいろいろ問題があると思っているので、どうせ教育界の外から押しつけられたんだろうと考えていたのですが、どうやら私と同じ教育関係業界の人たちが発信源だったんですね。ちょっと悲しい気がします。

その後、教職コアカリのほうは、文科省に「教職課程コアカリキュラムの在り方に関する検討会」が設置され（二〇一六年八月一九日）、「教職に関する科目」のコアカリキュラムを作成しました（二〇一七年一一月一七日）。その教職コアカリは各大学の教職課程の課程認定の審査基準として使われ、担当科目の教員は、それぞれの担当科目の詳細なシラバスで教職コアカリとの対応を明示することがもとめられ、授業の計画を組み替えたり、シラバスを書き換えたりする作業に追われました。教職コアカリを見たこともない読者もいるでしょうから、ここでは、私が担当している科目が該当する「教育に関する社会的、制度的又は経営的事項」の例を挙げておきます（表12―1）。

育成指標に関しては、二〇一七年四月に、教育公務員特例法が一部改正され、「校長及び教員の資質向上に関する指標」の策定が教育委員会に義務づけられました。これを受け、各都道府県等の教育

表 12-1　教職コアカリの例

教育に関する社会的、制度的又は経営的事項
(学校と地域との連携及び学校安全への対応を含む。)

全体目標：　現代の学校教育に関する社会的、制度的又は経営的事項のいずれかについて、基礎的な知識を身に付けるとともに、それらに関連する課題を理解する。なお、学校と地域との連携に関する理解及び学校安全への対応に関する基礎的知識も身に付ける。

＊(1-1)、(1-2)、(1-3)はいずれかを習得し、そこに記載されている一般目標と到達目標に沿ってシラバスを編成する。なお、この3つのうち、2つ以上を含んでシラバスを編成する場合は、それぞれの1)から3)までを含むこと。

(1－1)教育に関する社会的事項

一般目標：　社会の状況を理解し、その変化が学校教育にもたらす影響とそこから生じる課題、並びにそれに対応するための教育政策の動向を理解する。

到達目標：
1) 学校を巡る近年の様々な状況の変化を理解している。
2) 子供の生活の変化を踏まえた指導上の課題を理解している。
3) 近年の教育政策の動向を理解している。
4) 諸外国の教育事情や教育改革の動向を理解している。

(1－2)教育に関する制度的事項

一般目標：　現代公教育制度の意義・原理・構造について、その法的・制度的仕組みに関する基礎的知識を身に付けるとともに、そこに内在する課題を理解する。

到達目標：
1) 公教育の原理及び理念を理解している。
2) 公教育制度を構成している教育関係法規を理解している。
3) 教育制度を支える教育行政の理念と仕組みを理解している。
4) 教育制度をめぐる諸課題について例示することができる。

(1－3) 教育に関する経営的事項

一般目標：　学校や教育行政機関の目的とその実現について、経営の観点から理解する。

到達目標：
1）公教育の目的を実現するための学校経営の望むべき姿を理解している。
2）学校における教育活動の年間の流れと学校評価の基礎理論を含めたPDCAの重要性を理解している。
3）学級経営の仕組みと効果的な方法を理解している。
4）教職員や学校外の関係者・関係機関との連携・協働の在り方や重要性を理解している。

(2) 学校と地域との連携

一般目標：　学校と地域との連携の意義や地域との協働の仕方について、取り組み事例を踏まえて理解する。

到達目標：
1）地域との連携・協働による学校教育活動の意義及び方法を理解している。
2）地域との連携を基とする開かれた学校づくりが進められてきた経緯を理解している。

(3) 学校安全への対応

一般目標：　学校の管理下で起こる事件、事故及び災害の実情を踏まえて、学校保健安全法に基づく、危機管理を含む学校安全の目的と具体的な取組を理解する。

到達目標：
1）学校の管理下で発生する事件、事故及び災害の実情を踏まえ、危機管理や事故対応を含む学校安全の必要性について理解している。
2）生活安全・交通安全・災害安全の各領域や我が国の学校をとりまく新たな安全上の課題について、安全管理及び安全教育の両面から具体的な取組を理解している。

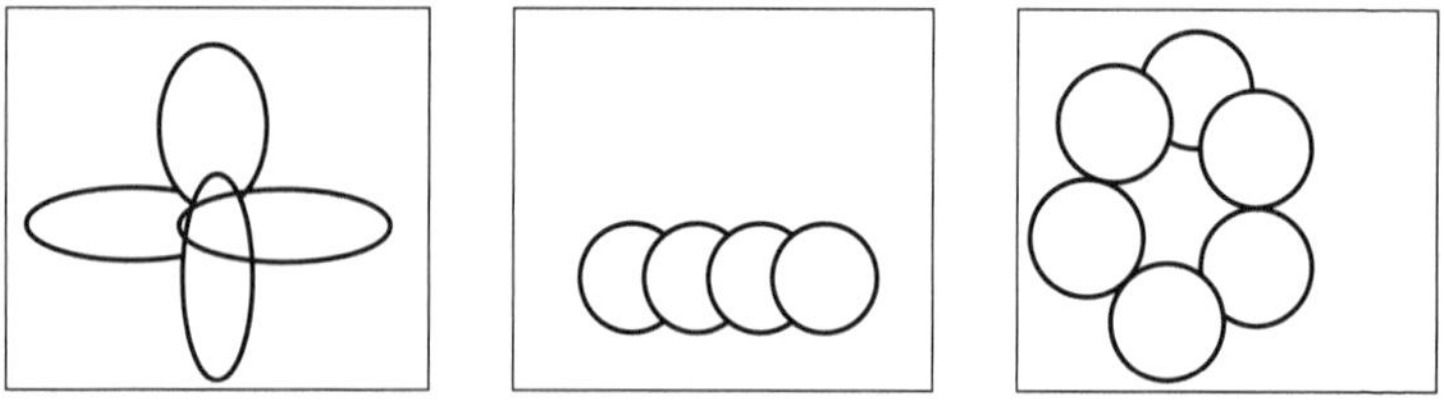

図12-2　さまざまな教員の能力タイプ

委員会は、文部科学大臣が示す「指針」を参酌し、育成指標を作成して、それに基づいて研修計画を立てていっています。ここでは、新潟県の事例を紹介します。県が作成した育成指標が表12―2で、それに基づく研修の体系が図12―1になります。

二　全体的な問題点

（1）教員の一元的な成長モデル

そもそも私は今回の諸改革の根底にある考え方に疑問を抱いています。その考えとは、「一つの望ましい教員像を描くことができる」という考え方です。「あるべき教員像は一つなのか、複数なのか」ということを問うてみる必要があります。今回の改革は、教員養成の局面でコアカリキュラムをつくるとか、入職後に何ができるようになればよいのかについての育成指標を作成しようというふうに、「望ましい教員というのはこのようなものだ」と、教員像を一つに収斂《しゅうれん》させていく動きです。

図12―2で、さまざまな教員の能力タイプをモデルにしてみました。一つひとつの楕円は、個々の教員に何がうまくやれるべきなのかを示したものです。中教審の議論がイメージしているのは、タイプ1のような

能力モデルではないかと思います。大学での養成段階で教職コアカリに盛り込まれるべき事項は、楕円が重なる真ん中の所に位置する知識やスキルです。すべての大学の教職科目で共通に教えさせようというのだから、そういうことになります。もう一方で、入職後の成長を一覧表にした育成指標のほうは、すべての楕円の広がりをカバーしようとするものです。新潟県の例を掲げた表12―2でいうと、「学習指導」の中の「授業実践」ではこれこれのことができ、「学校運営」の中の「家庭、地域連携」ではこれこれのことができる、といった感じです。教員として仕事の多様な側面のあれもこれもできるようになる、という、完璧を目指すイメージです。

しかし、現実の学校では、さまざまなタイプの教員がいるし、それぞれ得意・不得意があって、それを組み合わせて教員の協働が成り立っています。偏屈だけど教科の指導を徹底的に探究して授業はすばらしいという教員もいれば、教えるのは下手だが生徒ととことん付き合うなどといったいろいろなタイプの教員が、現実には望ましい教員としてあり得ると思います(タイプ2)。

また、幼稚園段階で「良い教員」といわれる教員のタイプと、高校で「良い教員」といわれる教員のタイプはちがうでしょうし、同じ高校でも、進学実績の高い高校での教員と、いろんな問題を抱えた子どもが集まっている高校の教員とでは、「良い教員」のイメージはずいぶんちがいますよね。

図12―2のタイプ3は、知識や能力が異なる教員が集まったイメージを図にしたものです。それぞれの教員には、自分がうまくやれるものがあります。教科指導の充実に情熱を燃やす教員もいれば、生徒指導に才能を発揮する先生などもいますから、それが組み合わさって校務を分掌し、学校が成り立っています。

表 12-2　育成指導の例(新潟県)

教諭指導(共通指標)

区分	観点	着任時(採用段階)	第1期 基礎形成期 職務の遂行に必要な実践的指導力の基礎の確立 1〜5年目	第2期 能力伸長期 専門的知識・技能に基づく実践的指導力の向上 6〜12年目	第3期 能力充実期 学校(園)運営の参画に向けた実践的指導力の充実 13年目以降	特にミドルリーダーに求めるもの
教員としての素養	教育公務員としての崇高な使命を自覚し，教職への誇りと情熱，児童生徒への愛情をもつ． 高い倫理観，人権感覚をもち，法令や服務規律の遵守を徹底し，責任をもって自らの職務を果たす． 学び続けることの重要性について理解し，理想の教師像や目指す授業，新たな教育課題の解決に向けて常に努力し続ける． コミュニケーションを大切にしながら，周囲との信頼関係を構築する．					
学習指導	授業構想	学習指導要領の目標と内容に沿って，児童生徒の実態に合った授業を行うことの重要性を理解している．	児童生徒の実態を把握した上で，単元を通して育む資質・能力とねらいを明確にした授業を立案する．	身近な生活や社会につながる授業や，児童生徒の主体的な学びを導く授業・単元の構想を立てる．	高い専門性を基に，周りにある教育資源や新しい指導方法を効果的に取り入れ，他の教員の模範となる授業を行う．	学校全体の学習上の諸問題を把握し，教育課程や授業づくりについて，小·中·高連携の視点をもち，組織的に校内研究を進める．
	授業実践	板書や発問等の基本的技術を身に付けるとともに，児童生徒の考えを引き出す課題を設定しようとしている．	主体的・対話的で深い学びの視点を踏まえ，児童生徒が基礎的・基本的な知識，技能を身に付けることのできる授業を展開する．	主体的・対話的で深い学びの実現を図り，児童生徒が自ら課題を見つけ，解決していく授業を行う．	主体的・対話的で深い学びを組織的に推進し，適切な指導・助言を行いながら，授業改善を進める．	
	評価・改善	目標に準拠した評価規準の設定や，活動に合った評価方法を用いて評価しようとしている．	学習評価の在り方を理解し，評価規準を用いて児童生徒の学習状況を把握し，指導を改善する．	教科等の目標の実現に向けて，PDCA サイクルを確立し，指導計画の改善を図る．	学力向上や授業評価，授業改善等の視点をもち，学年内や教科内の授業改善を組織的に行う．	
	児童生徒理解，多様性理解	児童生徒一人一人の実態に沿った指導の重要性を理解している．インクルーシブ教育システム等，多様性を尊重し，共生を図るための基本的な指導の在り方を理解している．	児童生徒と積極的にコミュニケーションを図るとともに，公平かつ受容的・共感的に関わる．児童生徒の多様性を理解し，多様性を生かした教育活動を実践する．	児童生徒一人一人の心身の特性や状況，生活環境等を多面的に捉え，個に応じた指導・支援を行う．	教職員の多様な専門性を活用し，連携・協働して組織的に児童生徒の指導・支援を行う．	生徒指導を組織的・計画的に行うための長期的な見

生徒指導	特別支援教育	特別支援教育の基本的な指導・支援の考え方及び合理的配慮等の在り方について理解している.	個々の特別な教育的ニーズに応じた指導方法を工夫し，合理的配慮等に基づいた指導を行う.	個別の教育支援計画に基づいた支援が継続するよう，その評価・改善を適切に行う.	個別の教育支援計画に基づき，必要に応じて関係機関との連携や活用を進め，組織的・継続的な支援を行う.	通しをもち，関係機関や小・中・高との連携を図りながら，教職員に対して指導・助言をする.
	いじめ等の問題行動への対応	いじめや不登校等の背景にある問題の把握と問題解決に向けた適切な指導・支援が重要であることを理解している.	日常的な観察や会話，アンケート調査，面談等をとおしていじめの早期発見と即時対応，不登校の未然防止に努める.	児童生徒が抱える課題や困難を分析し，いじめや不登校等の予防・解決に向けた適切な指導・支援を行う.	いじめや不登校等の現状について常に情報を収集し，予防や解決に向けて組織的な対応による適切な指導や支援を行う.	
	進路指導及びキャリア教育	キャリア教育の必要性と意義，育成すべき諸能力を理解している.	児童生徒の夢や進路への思いを受け止め，率先してキャリア教育に取り組む.	キャリアカウンセリングを通して，児童生徒の進路や将来を見据えたキャリア教育を実践する.	小・中・高との連携を図りながら，進路指導やキャリア教育の指導計画の整備に参画する.	
学校運営	学校運営・学年経営	学級担任の役割と職務内容及び，学校運営と組織編成の方針，校務分掌の内容を理解している.	教育目標を理解し，児童生徒の実態を踏まえ，学級内での良好な人間関係づくりに努め，組織的に活動させる.	教育目標や学校の経営方針を踏まえ，同僚の教職員と連携を図りながら，積極的に学級・学年経営に参画する.	教育目標や学校の経営方針を踏まえ，同僚の教職員に適切な支援，助言を行いながら主体的に学級・学年経営を推進する.	
	教職員間の連携・協働	社会人として良識ある言動に努め，円滑な人間関係を築こうとしている.	他の教職員と積極的に関わり，疑問点や悩みを相談したり，共有したりしながら自己改善を進める.	互いの課題や悩みに気付き，支え合える環境をつくるとともに，経験の少ない教職員を積極的に支援する.	学校全体の教職員の特性を踏まえ，役割分担を調整するとともに，経験に応じた効果的な人材育成の環境を整える.	学校運営について，創造的なビジョンの構想やプラン構築に参画し，教育活動を活性化する.
	家庭，地域連携	家庭や地域との連携の必要性と在り方を理解している.	家庭や地域と積極的にコミュニケーションをとり，良好な関係を築く.	家庭，地域，関係機関との関わりを深め，連携・協働して教育活動を行う.	家庭，地域，関係機関からの要望等の情報収集に努め，連携・協働のネットワークを形成する.	
	学校安全，危機管理	危機管理の重要性とともに，未然防止や危険を察知した場合に素早い行動をとること等の必要性を理解している.	いじめ，心のケア，アレルギー対応等，その未然防止と安全配慮義務について理解し，適切に対応する.	緊急事態発生の対応について日頃から組織的な動きをイメージし，未然防止に努め，事故が起こったとき迅速に対応する.	緊急事態発生の対応について日頃から中核的な役割を担い，未然防止に努め，事故へ迅速かつ組織的に対応する.	

着任時：着任時点で身に付けていてほしい資質・能力（大学等における教員養成の到達目標）
第１期〜第３期：各期において，最終的に到達してほしい資質・能力（到達目標）

第1期
基礎形成期
第2期
能力伸長期
第3期
能力充実期
ミドルリーダー
管理職
基本研修
学習指導
生徒指導
学校運営
初任者研修
教職2年次研修
ステップアップ研修
教職6年次研修
ジャンプアップ研修
中堅教諭等資質向上研
学習指導
教科指導力向上講座（小・中・特）
教科リーダー育成講座（小・中・特）
教科リーダー養成講座（高）
主体的・対話的で深い学びの実現を図る授業改善講座
学びの質向上研修会
教育課程研究会・研究員研修会・講習会
教科研究員研修会（高）
成年年齢引き下げに係る教育研修会
観察・実験指導力向上講座
小学校理科基礎講座　先端科学技術活用講座　課題研究指導法講座
公立学校体育主任研修会　体力向上指導者養成研修・伝達講習会
性に関する指導の授業づくり基礎・発展講座　養護教諭のための保健学習講座
小学校外国語実践講座　英語4技能5領域が育つ深い学び実現講座
外国語教育担当教員研修集会　英語教員指導力向上研修（高等学校）
ICTを活用した授業づくり基礎・発展講座　小学校プログラミング教育推進講座
豊かな心をはぐくむ道徳教育講座
免許外教科担当教員研修会
ミドルリーダー養成講座
新任主幹教諭研修
教務主任研修会

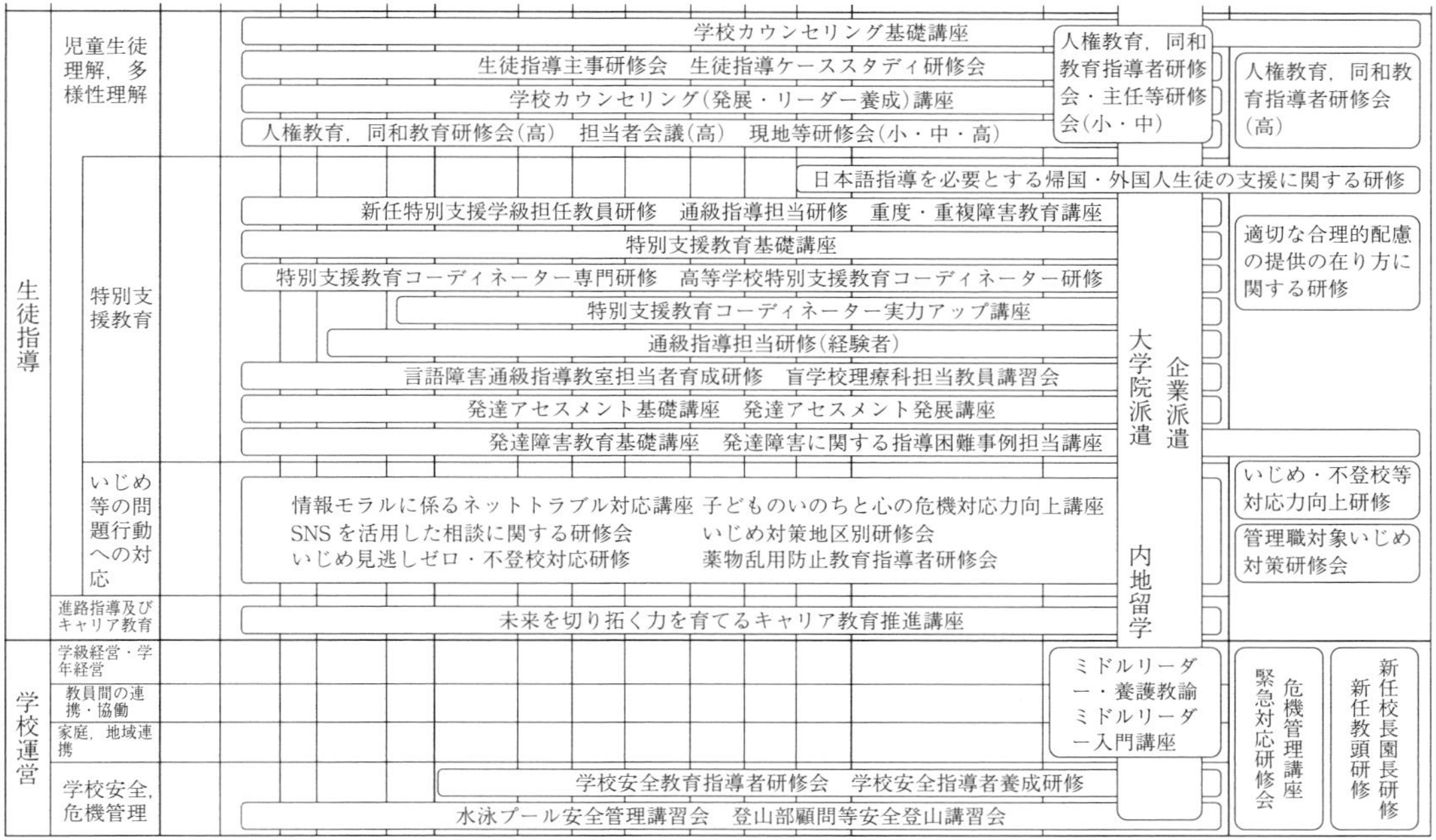
生徒指導
児童生徒理解，多様性理解
学校カウンセリング基礎講座
生徒指導主事研修会　生徒指導ケーススタディ研修会
学校カウンセリング（発展・リーダー養成）講座
人権教育，同和教育研修会（高）　担当者会議（高）　現地等研修会（小・中・高）
人権教育，同和教育指導者研修会・主任等研修会（小・中）
人権教育，同和教育指導者研修会（高）
特別支援教育
日本語指導を必要とする帰国・外国人生徒の支援に関する研修
新任特別支援学級担任教員研修　通級指導担当研修　重度・重複障害教育講座
特別支援教育基礎講座
特別支援教育コーディネーター専門研修　高等学校特別支援教育コーディネーター研修
特別支援教育コーディネーター実力アップ講座
通級指導担当研修（経験者）
言語障害通級指導教室担当者育成研修　盲学校理療科担当教員講習会
発達アセスメント基礎講座　発達アセスメント発展講座
発達障害教育基礎講座　発達障害に関する指導困難事例担当講座
適切な合理的配慮の提供の在り方に関する研修
大学院派遣
企業派遣
内地留学
いじめ等の問題行動への対応
情報モラルに係るネットトラブル対応講座　子どものいのちと心の危機対応力向上講座
SNSを活用した相談に関する研修会　いじめ対策地区別研修会
いじめ見逃しゼロ・不登校対応研修　薬物乱用防止教育指導者研修会
いじめ・不登校等対応力向上研修
管理職対象いじめ対策研修会
進路指導及びキャリア教育
未来を切り拓く力を育てるキャリア教育推進講座
学校運営
学級経営・学年経営
教員間の連携・協働
家庭，地域連携
ミドルリーダー・養護教諭ミドルリーダー入門講座
危機管理講座
緊急対応研修会
新任校長園長研修
新任教頭研修
学校安全，危機管理
学校安全教育指導者研修会　学校安全指導者養成研修
水泳プール安全管理講習会　登山部顧問等安全登山講習会

注：職務別研修・中央研修は省略.

図 12-1　研修計画の例（新潟県）

漫画家の古谷三敏の『寄席芸人伝』（ビッグコミック、小学館）には、まったく対極にあるような矛盾するタイプの落語家が出てきます。破天荒な生き方をしていて、落語も型をはみ出していて、それで独特の味がある落語家も出てくれば、真面目にコツコツ練習をして型を外さない安定感を客が好む落語家も出てきます。多様なタイプの落語家の全部の広がりが、面白い落語の世界をつくっているといえます。学校も同じです。それぞれに固有の長所がどこかしらにある、多様なタイプの教員が協働して成り立っているのです。バラバラなものを身につけてきた教員が、知恵や努力を出し合って、全体として学校がうまく回る、というイメージです。教職コアカリや育成指標の議論では、こういう考え方が否定されてしまっているように思います。

教職コアカリについては、それを作成した検討会の議事要旨を読んでいて驚いた箇所があります。ある委員が次のように発言しています。

ヒアリングの発表をうかがって、コアカリキュラムは教員を養成するために、どんなカリキュラムで、どんな授業内容で、どんな方法で行ったらいいのかということの共通性を作っていこうという話だと感じた。

教員養成は非常に古くから行われてきて、専門教育、あるいは職業教育で一番古い歴史を持っているが故に、大学の自由とか教育の自由あるいは学芸が教員養成の基本だ等の考え方が先にあり、結果的にばらばらになってしまった。教員を養成するということは職業訓練の問題なのだと述べた方がいたが、だからこそ学習指導要領に当たるものがなければならない。

（「教職課程コアカリキュラムの在り方に関する検討会（第二回）　議事要旨」二〇一六年九月七日、傍線は筆者。以下同）

こんな発想で教職コアカリがつくられたのかと思うと悲しくなります。どんなカリキュラムで、どんな授業内容で、どんな方法で行ったらいいのかということは、教育学の研究者にいわせると、あらかじめ一つの正しい答えがあるのではありません。「これさえ学んでおけばいい」というものはないのです。確かに、時代ごとに特定の考え方ややり方が流行したり強調されたりする力点になる部分はあるけれど、本来は、一つに収斂しない多様な広がりがあるのです。むしろ、教員が成長するということの一つは、自分の外部にある新しい考え方を参照したりして、目の前の子どもの状況に合わせて、教育内容や方法に関して、柔軟にリニューアルしていくことができることだと思います。教員養成に関するカリキュラムの共通性を強めれば強めるほど、教員になる人たちの知識は標準化や規格化が進んでしまいます。だから、「教員の学習指導要領」で、全国で同じトピックを同じように学んだ教員ばかりになったら、教員の目から見える世界は、すごく狭いものになってしまうような気がします。大昔にあった「師範タイプ」というやつです。教職コアカリの話はあとであらためてやります。

育成指標のほうは、パッと見る所、どこの自治体のものを見ても、もっともなことが書かれているように思います。これをもとにして研修を体系的に計画していくというのも、ある意味で自然なことで、教員の側が自分に有用そうな研修を選んで受けていく、といった程度にとどめておけば、さほど問題は起きないようにも思います。

とはいえ、育成指標も今後の使われ方の可能性を考えると、いくつも気になる点があります。第一に、より細分化した指標や目標を作成しようという話になると、厄介なことになります。小学校教員向けに独自のものをつくるとか、授業実践の部分にたくさんの細目をつくってそれぞれに到達させよう、などとやっていくと、教員の仕事は何重にも目標だらけになってしまいます。

第二に、育成指標に関わる制度関連の議論には、教員が個人やインフォーマルなグループなどで行う自主的な研修・研究が、まったくと言っていいほど欠落しています。フォーマルな研修ばかりが教師としての成長の場だとされているのです。私はこれがきわめて深刻な問題を生むと思っています。行政が用意する研修は、個々の教員が特定の問題にこだわってとことん掘り下げてみるというような自己研鑽とは性質が異なるからです。

実は、民主党政権時代の二〇一二年の答申では、教員の自主的研修の活性化が謳われていました。「教員は、日々の教育実践や授業研究等の校内研修、近隣の学校との合同研修会、民間教育研究団体の研究会への参加、自発的な研修によって、学び合い、高め合いながら実践力を身に付けていく」としっかりと書き込まれていたのです。そして、「教育センターや身近な施設において、カリキュラム開発や先導的な研究の実施、教員が必要とする図書や資料等のレファレンスや提供などを行うことにより、教員の教材研究や授業研究、自主的研修の支援などを推進するとともに、多忙化の解消など教員が研修等により自己研鑽に努めるための環境整備が必要である」と、それぞれが自分で成長していけるような環境づくりや条件整備が必要だ、と書かれていたのです。

ところが、第二次安倍政権下の改革論では、この種の視点がすっかり希薄になってしまいました。

教員の「自己研鑽」とか「主体的な学び」という語は、行政が用意した研修に積極的に取り組むという意味か、せいぜい校内研修を同僚とやるといったことを意味しているにすぎません。前向きに研修を受けろ、ということですね。個別の教員の個別の課題意識に基づく自己研修あるいは研究が、教員の成長と結びつけて位置づけられていないのです。

そうなると、この育成指標に基づく教員の成長モデルは、指定された研修を積極的に受けていく、という成長像になります。「学び続ける教員」とは、「学ばせ続けられる教員」だということです。本当に自分に必要なものが研修の中で学べるかどうかは関係ないのです。

実に皮肉な話です。児童生徒の教育に関しては、「自分で問いを立てて、自分なりに解決していくスキルを身につけさせよう」としているのに、それを指導する役割の教員は、「あてがわれた研修をしっかり受けろ」という話なのですから。

第三に、いま述べたことと関わりますが、育成指標と評価とが結びつけられることでさらにおかしな事態を生んでしまいかねません。二〇一五年の答申では、「教員が日々の業務で様々な対応に追われる中においても自己研鑽に取り組み、学び続けるモチベーションを維持しつつスキルアップを図ることができるよう、教員の主体的な「学び」を適正に評価し、その「学び」によって得られた能力や専門性といった成果を見える形で実感できるような取組やそのための制度構築を進めていくことが急務である」と書かれています。もっともだと思う人も多いような文章ですが、この文章の続きは、次のようになっています。「そのためには、教育委員会と大学等の関係者が教員の育成ビジョンを共有しつつ、各種の研修や免許状更新講習、免許法認定講習、大学等が提供する履修証明プログラムや各種コース等といった様々な学びの機会を積み上げることで、成長を動機付ける見通しが示され、受講証明や専修免許状取得が可能となるような体制が構築される必要がある」。フォーマルな研修を受けたらそれが評価されますよ、ということです。ポイント制ですね。

そうなると、評価が気になる教員や周囲から一目置かれたいと思う教員は、一生懸命ポイント稼ぎのために研修を受けますよ。自分にとって有用かどうかとかとは無関係に。でも、それは、本当の意味でのすぐれた教員に向けた成長とは関係ないです。また、ポイントにならない自己研修は、いまよりもっと衰退していくことが懸念されます。誰かに準備してもらったものだけを学ぶ、という学び方が強まっていくわけです。

教員の仕事を評価するのはとても難しい。少なくともフォーマルな研修のポイント制で評価に大きな差をつけるような仕組みは愚かなやり方だと、私は思います。

(2) 養成と採用と研修にはズレが必要

全体的な問題点の二つ目は、「養成・採用・研修を通じた一体的改革」(二〇一五年答申)というとき、大学と現場は教員の成長にとって別々の機能を果たすという点が、明確に認識されていないということです。養成と採用と研修にはズレがあって当然だし、むしろそのズレが必要だと私は思うのです。念のために言っておくと、これは、大学と職業との関係全体に言えることです。大学は、大学でしか学べないことをきちんと学ばせるべきで、安易に職業のニーズと直結させないほうが、長い目で見たときに、大学教育が固有の有用な役割を果たせるはずだと考えているんです。「大学は学校現場ともっと連携して、スムーズな接続にする」という前提です。けれども、そこがいまの改革が一番大きくボタンを掛けちがえている所ではないかと私は思います。本当は逆に、大学と現場の間に一定のズレがなければならないのです。

大学で学べるものと、現場で学べるものは異なっているからこそ、それぞれ意味がある。大学の教職課程の科目では、学問的な論理と体系性を中心にして教育がなされるべきで、それはすぐに教育実践では使えないかもしれないが、その後の自己研鑽の足場になるはずだと思うんです。すぐに現場で使えるものは、すぐに役に立たなくなる。それどころか、すぐに現場で使える知は、現場では当たり前の知ですから、わざわざ前倒しして大学で教えなくても、現場に入ってしばらく仕事をしているうちに、周囲の先輩も教えてくれるし自分でも努力ができて、当然身につくはずです。

私たちがやった調査で、全国の都道府県の公立小中高の校長会の会長への依頼を通して、会長が勤務している学校で、年齢層の多様な教員に回答してもらった質問紙調査の結果があります（笹本 二〇一二）。それをみると、「子どもたちとのコミュニケーションをうまくやる能力」も、「生徒指導についての専門的力量」も、「教師としての実践的指導力」も、教員になりたての頃までに身についていたと答えた割合は、一〇％前後にすぎませんでした。でも、いずれの項目も、「教員になってから数年後」までに三〇〜四〇％、「一〇年以上たってから」が四〇〜五〇％で、時間をかけていく中で、必要なスキルが身についていない人はほとんどいなくなります（図12―3〜5）。逆にいうと、教員の仕事に就いたあとでも身につけるまでに結構時間がかかるような現場的なスキルを、大学の授業を通して身につけさせろといった要求は、せっかちすぎると思うのです。

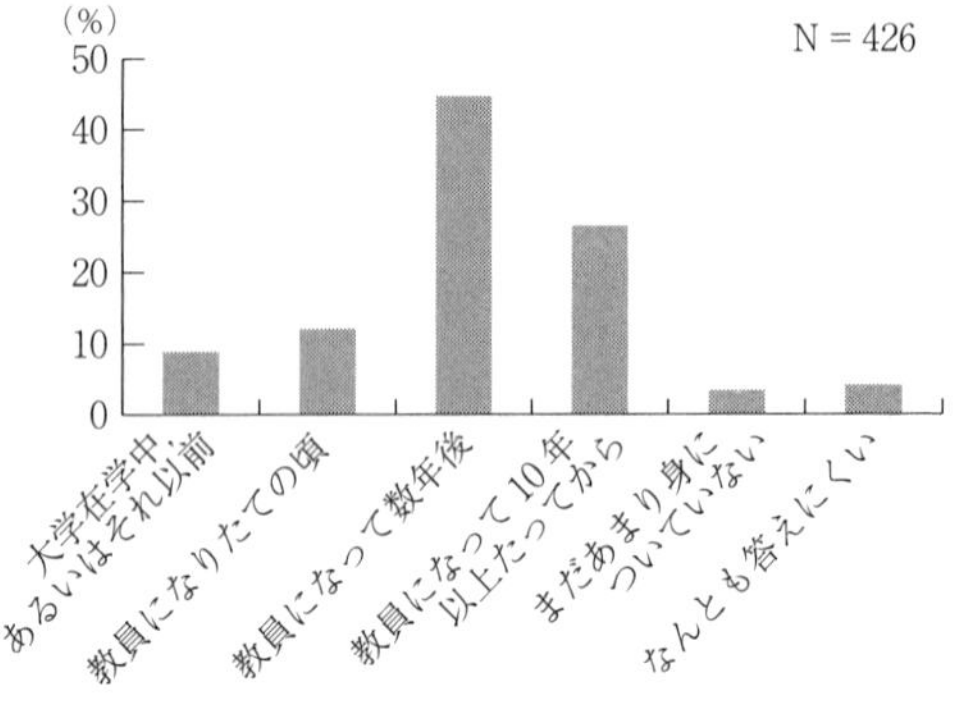

図 12-3　子どもたちとのコミュニケーションを上手くやる能力

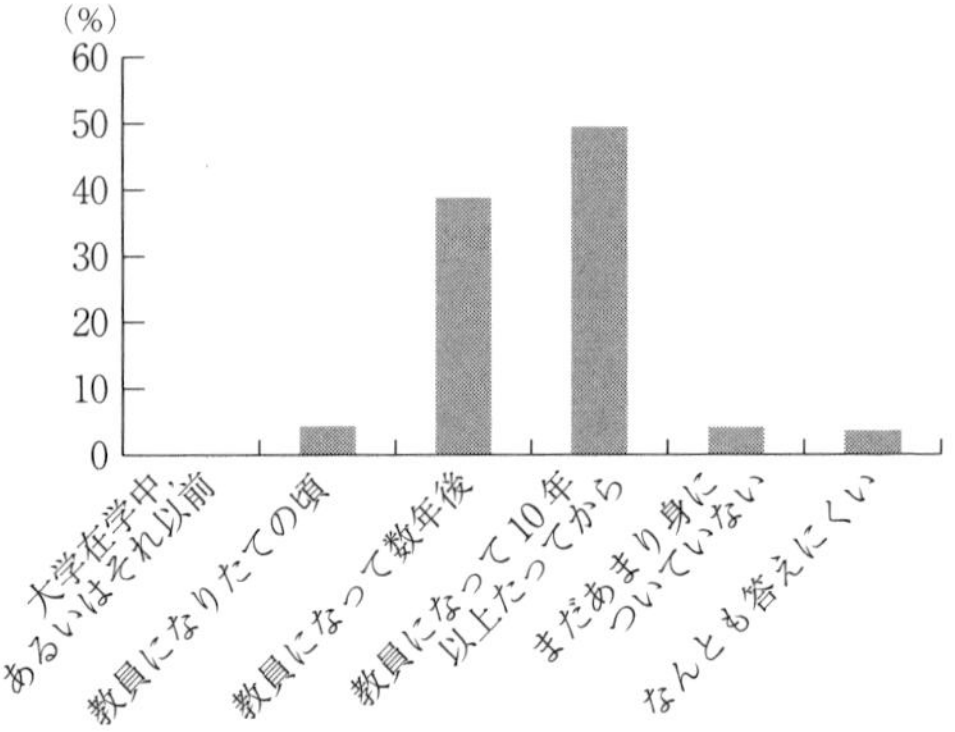

図 12-4　教員としての実践的指導力

だから、むしろ、いったん教員の仕事を始めてしまうと、独力で学ぶのが難しいものほど大学で学ぶべきだといえます。一見すると日常の教育実践に役に立ちそうにないように見えるものが、長い目で見たときに、教員の「学び続ける」場面で必要になってくるはずだと私は思います。

たとえば道徳教育でいうと、世の中のいろいろな価値を考えたときに、世界はそれほど単純でもないし人間もそれほど単純ではないということを、少なくとも大学教育や教員養成の中で知り、それを考えるためのたくさんの知的な素養を身につけるということが重要なのではないでしょうか。採用試験で出題されるかどうかといった次元のものとは異なるレベルの知です。でも、それは、自分の教育実践を組み立てたり、反省的に見直してみたりするために必要な知のはずです。道徳教育のやり方を実際の教材に即して「このようにやれば道徳教育はうまくいく」というふうな、マニュアル的なレベルで終始していると、人間観も社会観も平板なままの教員が道徳教育をしてしまうことになります。深い人間観や広い社会観に裏打ちされた、奥行きのある授業を自分で創意工夫していくためには、いま述べたような知的な素養が、大学で学ばれておく必要があるのではないでしょうか。

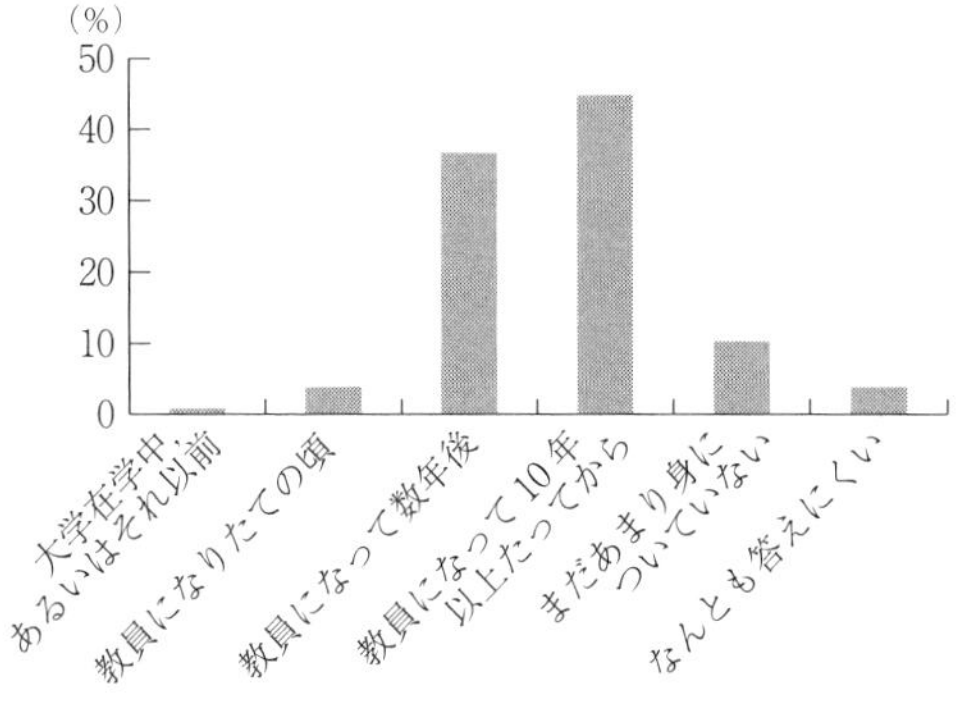

図 12-5　生徒指導についての専門的力量

いまの教員養成改革で強調されているのは実践的なレベルの事項ばかりですが、「学び続ける教員」というときの最大の資源は、教育基礎学、学問としての教育学だと思います。たとえば教育哲学であったり教育史であったり教育社会学であったり、そのような原理的なものを扱う科目です。教育現場の日常から少し距離を取った形で探求している教育哲学や教育史は、教員が教育のあり方を見直してみる手がかりとして、逆に最も汎用性《はんよう》が高いと思います。また、教育社会学で学ぶ知見、すなわち教育の現状についての知識はあっという間に古くなりますが、そこで身につく社会科学的な考え方や方法というのはいろいろな所で使えます。

原理的なものや専門性の高い学術書は、基礎になる知識がないと、現場に出たら自分独りでゼロからはなかなか学べません。教育学の専門書を読もうと思っても、出てくる概念や理論的説明が分からない。そうなるとマニュアル本や手引き本に頼ってしまうことになります。実践性に傾斜した教員養成は、本当は現場で何かを深く学ぼうと思ったときの知的・認識的なベースにならないんです。

たとえば、アクティブ・ラーニングを原理的なレベルで自分のものにしていくためには、『アクティブ・ラーニング早わかり本』ではなく、J・デューイなんかをしっかり読み込んでみることは、とても有用なはずです。大学時代に古典や専門書に向き合って学んでいる場合にこそ、教員になったあと、学校現場にはないものを自分で探し出して深めることができるんだと私は思います。

ここでは大学と現場との間にズレが必要だという話をしてきていますが、現実の改革は、逆にズレをなくす方向で動いていています。それは、若い教員が教育現場で何年間もかけて身につけてきたものを、大学教育の中に前倒しで持ち込むという形で進んでいます。そのぶん、「大学でしか学べないこと」が削られていってしまっています。

一つには、前倒しでのトレーニングが入り込んできています。二〇一四年七月の教育再生実行会議第五次提言では、「実践的な力を備えた教師を養成し採用することができるよう、国は、大学において、インターンシップやボランティア活動など学生に学校現場を経験させる取組を推進するとともに、採用前又は後に学校現場で行う実習・研修を通じて適性を厳格に評価する仕組み（教師インターン制度（仮称））の導入を検討する」という提案がなされました。これをうけて、中教審の二〇一五年答申では、「学校現場に参画する学校ボランティア等の活動は効果的である」とされ、「学校インターンシップの導入」が打ち出されました。学生に早くから学校に出入りさせて、補助業務に関与させて、それを大学教育の単位にしようというものです。また、同答申では、一部の教育委員会が実施してきている、教員志望の学生を対象に研修を行う「教師養成塾」等の取り組みも、より一層の普及・推進をもとめています。

開放制の教員養成制度のもとでは、こうした取り組みは、大学の授業の受講に支障をきたす部分があって問題ですが、それ以上に気になるのは、学生たちの興味・関心の向けられ方です。本来なら、「大学の知」が提供する広い教養や深い専門性に心を向けてほしい時期なのに、教員志望の学生たちの関心は現場に向いていってしまいます。学校ボランティアにのめり込んでいる学生なんかと話をしていると、私は退屈になります。現職の若い先生あたりから聞かされるような苦労話や手柄話を、学校が抱える裏の事情も知らないまま、熱っぽく語ってくれます。でも、浅いんです、話が。

もう一つには、教職課程のカリキュラムの中に、どんどん現場に即応させようとするものが入り込んできています。「介護等体験」とか「教職実践演習」などが典型ですが、「○○を含む」という各科目への指示でも進んでいます。全体の単位数はそれほど変わらないので、学校現場の課題がやたらに教員養成のカリキュラムに入る代わりに、現場から距離をとった原理的なものがそぎ落とされていっています。

この流れはさらに進んでいます。教育再生実行会議の第五次提言では、「大学は、質の高い教師を養成するため、実践型のカリキュラムへの転換、……など、教員養成を担う学部や教職大学院の質的充実を図る」とされました。この文章は、はなはだ不愉快な文章です。「実践型のカリキュラム」こそが「質の高い教師を養成する」と決めつけているからです。

二〇一七年一一月につくられた「教職課程コアカリキュラム」でも、教員養成に関して、「従来、大学では学芸的側面が強調される傾向があり、そのことは、課題が複雑・多様化する教育現場から、例えば初任者が実践的指導力や学校現場が抱える課題への対応力を十分身に付けていない等の批判を受けてきたところである」と書かれています。これもまた不愉快な文章です。大学には固有の知があるからこそ、それを伝える大学教育があるのです。大学が学芸的側面を強調しなかったら、大学がやるべきことの放棄になってしまいます。

問題の所在は明白です。一方で、「一生学び続ける教員」がもとめられており、そのための基礎を大学の間にしっかりつくれという要求があるのに、他方で、即戦力、すぐに現場で一人前にやれる教員を大学で育成せよという要求も出されています。だから、いまの改革論では、矛盾している要求が教員養成に対して突きつけられているのです。欲ばりで分裂しています。そして現実には、後者のほうが優勢な形で、大学に対する改革圧力として、教員養成の中に入り込んできているのです。

もしも「修士レベルへの高度化」という話だったら、両者は矛盾なく足し算でやれたかもしれません。でも、学部四年間での教員養成のままで即戦力の育成を強調すれば、当然のことながら、新採教員が日々の職務をこなすための準備・訓練ばかりが強調されてしまうことになります。「一生学び続ける」ための腰を据えた知の部分が軽視されていってしまっているんです。「現場の知」が「大学の知」を侵食していっている、と言ってもいいかもしれません。

さらにもう一つ、気になる点があります。教職コアカリを、採用時の試験と緊密に結びつけようという議論がなされています。たとえば、教職課程コアカリキュラムの在り方に関する検討会（第三回）では、委員から次のような意見が出されています。

委員　コアカリキュラムは課程認定とは結び付けないのか。課程認定の対象にならないのであれば、対応した科目を用意する根拠がなくなってしまう。そうすると、「すばらしいものが出たので参考にしましょう」で終わってしまうので、コアカリキュラムは課程認定にも影響し、できれば各教育委員会ではコアカリキュラムを踏まえた共通の採用試験を行ってもらえれば、コアカリキュラムの存在意義も高まるのではないか。

委員　教職員支援機構の研究開発機能に期待される内容の一つとして、都道府県が実施している採用試験の一部を共同実施できないかという問い掛けがあり、そのために何が必要かを検討している。

コアカリキュラムが成立して、大学がコアカリキュラムの内容をしっかり教えるようになれば、共通的な能力で測ることができるものは共同試験で測るという段取りになると考えている。統一試験で大学で学んだのとは全く異なる違う問題を出すという話にはならない。その意味では大学教育と採用試験がコアカリキュラムによりつながることになる。

そのためには、コアカリキュラムの内容がシラバスに反映され、そのシラバスが課程認定で認定をされ、各大学はシラバスに基づき講義演習を行うという一連の流れを作ることが必要で、ど

こかで切れてしまうと全て外れてしまう。（二〇一六年一二月一二日）

教職コアカリをベースにして採用試験をやれ、あるいは国家統一採用試験をやれ、と委員の人たちは言っています。もしもそうなると、個々の大学の個々の教職課程の科目の内容は、試験対応にシフトせざるを得なくなります。困ったことです。少し深い話に掘り下げて授業をしていたら、「先生、そういうことは採用試験に出ないので、もっとスタンダードなことをやってください」と学生に言われそうです。ユニークなつくりの教科書は、「試験に対応できない」と見捨てられてしまいます。

私が大学で講義をしている「教育の社会学」では、私は初回に次のように学生に話をしています。「私のこの授業は、採用試験にも対応していないし、教員になってすぐ日々の仕事に役立つものでもありません。でも、教員になってしばらくやっていくと、それまでのやり方でうまくいかなくなって行き詰まったり、どう考えればいいか分からないような事態に直面したりすることが、きっとあると思います。そのときには、日々の実践や、学校のあり方や、教員の仕事を、反省的に考えてみる必要があります。そのときには、私がこれから話をする講義の中の理論や概念や現状分析を思い出してみて下さい。考えをめぐらせるための材料が見つかるかもしれません」。

私は次のようにも話をしています。「教員採用試験のために勉強するというのは、愚の骨頂です。そのための勉強で学んだものは、採用試験が終了したら、それで終わりです。本当に教員としていい仕事をしようと思ったら、教員として一生使えるものを、大学四年間の間に学んでください。「これは」と思うものをできるだけたくさんさがして、自分のものにすること。採用試験のために勉強するのではなく、一〇年後、二〇年後の自分のために勉強してください」。

でも、教職コアカリと採用試験とが緊密に結びつけられたら、私のこんな授業は駆逐されてしまうことになります。いまはまだ、多様な教員が何とかこれまでの自分の授業の中身を教職コアカリに対応させるというふうな段階にあります。しかし、一〇年先、二〇年先を想像すると、採用試験に出そうな事項ばかりを並べた講義ノートで、教職コアカリの中の一つひとつの目標ごとにきれいに整理された教科書を使って、全国の教職課程の科目の授業がなされることになっていくかもしれません。実際、そういう「採用試験対応」の授業ばかりやっている大学がいまでもすでにあるようですが、それがもっともっと広がっていくということになりそうです。

この流れは本当にまずい。教員養成では「大学と学校現場との間にはズレが必要だ」という議論を、きちんと立てないといけないと思います。そうしないと、自ら学び続けるというときの知的基盤が大学で培われないからです。

三　教職課程コアカリキュラムという愚策

最後に、いま進められている資質・能力の向上策の中でも最悪だと私が思う、教職コアカリについて、あらためて問題点を整理してみます。

（1）「参考」から強制へ

教職コアカリの最初の大きな問題点は、そもそも「参考」として作成するとされていたものが、全国一律に強制されるものになったことです。さかのぼってみると、二〇〇一年一一月の「国立の教員養成系大学・学部の在り方に関する懇談会」が出した報告の中で、「現在、医学部や歯学部におけるモデル・コア・カリキュラムの作成や、工学部等における技術者教育プログラムの認定制度の導入など、それぞれの分野において教育の質の向上に向けて様々な試みがなされている」とされ、教員養成学部についても、「日本教育大学協会を中心として速やかに教員養成のモデル的なカリキュラムを作成し、各大学はそれらを参考にしながら、自らの学部における特色ある教員養成カリキュラムを作成していくことが求められる」とされたのがスタートのようです。

その後、二〇〇六年の中教審答申「今後の教員養成・免許制度の在り方について」でも、「モデルカリキュラムの開発研究を行う」とされ、二〇一二年の答申、二〇一五年の答申でも、教職コアカリの作成は、あくまでも各大学の「参考」にしてもらうという位置づけでした（ただし、英語教育だけはコアカリキュラムをつくって課程認定の際の審査に使うことが明示されました）。

ところが、二〇一五年の答申を受けて設置された教職課程コアカリキュラムの在り方に関する検討会において、いつのまにか、課程認定に使う、ということになりました。それは、単に参考にするはずのためのものだったものが、一律に各大学・各授業に強制するものに変えられたことを意味します。

二〇一七年三月にこの検討会がまとめた「教職課程コアカリキュラム作成の背景と考え方」では、次のような位置づけのものにされたのです。まず大学関係者は、「教職課程の担当教員において担当科目のシラバスを作成する際や授業を実施する際に、学生が当該事項に関する教職課程コアカリキュラムの「全体目標」「一般目標」「到達目標」の内容を修得できるよう授業を設計・実施し、大学が責任をもって単位認定を行うこと」。採用者（教育委員会関係者、学校法人関係者等）は、「全国の大学の教職課程で教職課程コアカリキュラムの内容を踏まえた教育が行われるようになることを前提として、教員採用選考の実施や「校長及び教員としての資質能力の向上に関する指標」の検討を行うこと」。そして、国（文部科学省）は、「教職課程の審査・認定において、教職課程コアカリキュラムを活用する」。そ

つまり、各大学は教職コアカリに準拠した授業をやれ、採用者は、教職コアカリを前提にして、採用選考を実施したり育成指標を作成したりせよ。国は、教職コアカリを課程認定の基準に使え、ということです。このような、一律に強制すること自体に大きな問題があります。

（2）学問の論理や多様性をつぶす教職コアカリ

また、実際につくられた教職コアカリの中身は、私の目から見ると、じつにひどいものです。それぞれの科目を成り立たせている学問の論理や、多様な可能性を持った教員の育成という観点からは、かけ離れたものになっています。

第一に、「なぜコアカリをつくるのか」という点で問題があります。教職コアカリがお手本にした医学や獣医学の場合には、医師や獣医師として必要な知識やスキルに関してもともとかなり細かな事項まで一定の標準性があり、それに基づいて国家試験をずっとやってきていたから、習得すべきものは何なのかを明確にしていくことはやれたわけです。ところが、教員の場合には、各科目で学ぶべき

ものが事実上標準化されているから、教職コアカリをつくる、というのではないのです。つまり、医学や獣医学では、「コアになるものがあるはずだ」→「だからそれを同定しよう」という論理なのですが、教員養成に関しては、「コアを決めよう」→「コアになるものの中身を決めよう」という論理なのです。逆立ちした論理です。

なぜ、「コアを決めよう」という話になったのか。検討会のある委員は次のように発言しています。

委員　開放性の原則とコアカリキュラムの設定とは本来矛盾対立すると思うが、現実にコアカリキュラムが必要になっている。教育委員会関係者に聞いた話だが、昔はクラスで四、五番だった子供が将来先生になっていたが、今は、クラスで二〇番から二五番の子供が先生になれる時代になっている。その背景として、五〇年前は一五％程度だった大学進学率が現在は五〇％を超えていることが挙げられる。そういう現実を直視した上で、良い先生をどのように養成するのかと考えたときにコアカリキュラムが必要になってくると考えている。別の言い方をすると、以前は一を聞いて十を知るという言い方がされたが、今は、一を聞いて、その一をきちんと理解できるということが求められている。そのレベルはどこにあるのかということを示すのがコアカリキュラムであると考える。

（「教職課程コアカリキュラムの在り方に関する検討会（第一回）　議事要旨」二〇一六年八月一九日）

最近の教員志望の学生の質が低下しているから、「一を聞いて一を理解する」学生に向けて必要だという発想でコアカリが考えられたのだということが分かります。しかし、もしも採用者に関して、仮に以前より学力層が低くなっているとしたら、いかにして自ら学ぶ教員を育てるか、いかにしてそれぞれに知的好奇心をかき立てるかといったことを考えないといけないはずです。「一を聞いて一を理解する」という教員ではダメで、「一を聞いて三を理解する」「一を聞いて五を理解する」学生をどうすれば育てていけるのかを、教員養成の課題にしないといけないはずなのです。「与えられたものしか身につけない」という教育モデルで養成された教員が、自分で考え新しいものを自分で学んでいく教員になるとは思えません。ここでも向かうべき方向が逆なのです。

第二に、教職コアカリは個々の科目が拠って立つ学問の体系性とは無縁につくられてしまっています。私が教えている「教育の社会学」は表12―1で「(1―1)教育に関する社会的事項」を扱うことになっています。しかし、ここに掲げられた四つの到達目標は、私の専門である教育社会学の学問の体系とは大きくズレています。

特定の分野の学問の基礎を体系的に習得させてきた私の授業のシラバスは、課程認定に関わる国の事前審査で不合格になりました。教職コアカリの表に示されている事項は、いろんな回の授業で取り扱ってきているので、あれもこれもと対応表に○をつけたら、ダメだといわれてしまったのです。課程認定委員会からの指摘事項には、「事項「教育に関する社会的、制度的又は経営的事項」を扱う科目であることが判然としないため、コアカリキュラムを踏まえた授業内容となるよう、シラバス全体を見直すこと」と書かれていました。私は泣く泣く、教育社会学を体系的に理解させることを目指すのを放棄することにしました。綿密に改訂してきた講義ノートのかなりの部分はお蔵入りです。実に残念です。

何でこんなことになっているのでしょうか。それは、一つには、学問の論理とは無関係に、現場の教員に必要な知は何かという大雑把な議論が、無造作に各科目に割り当てられたからだと私は推測しています。学問の体系や個々の科目を成り立たせてきた学知の構造なんか、無視されてしまっているわけです。もう一つには、科目別にコアが本当にありうるのかどうかといった基本的な議論もろくになされないまま、科目別にコアを設定することに決められたからだと思っています。

今回の教職コアカリの対象になった「教職に関する科目」には、学問的に底の浅い科目もあれば、とてつもない広がりや奥行きを持ったものもあります。でも、どんな科目も、学問としての体系性や構造を持ってきています。でも、それが今後は歪められてしまいます。学問としての体系性や構造とはズレた授業をしていくことがもとめられているからです。

第三に、今回つくられた教職コアカリは、きわめて広がりのある事項から、ごく瑣末な事項まで、レベルの異なるものが、雑然と並べられています。表12―1でいうと「学校を巡る近年の様々な状況の変化を理解している」という到達目標と、「学校保健安全法に基づく、危機管理を含む学校安全の目的と具体的な取組を理解する」という到達目標とが、同列で並べられているのです。論理的な階層の上下をごっちゃにする、「カテゴリー・ミステイク」です。ここにもまた、現場で必要なものを大学にいる間に学ばせたい、という改革者の欲望が反映しています。

私に言わせれば、現場ですぐに必要とされる知識は、初任者研修とかで、入職後に真っ先に教えればすむことです。学校安全については、入職した後に実地であれこれ見聞きしながら理解したほうが、絶対に効果が高いはずです。私なんかが講義で説明するよりも、現場の先輩教員が職場の実情を踏まえた説明をしたほうが、理解も進むはずです。「現場のものを前倒しをして、大学の間にいち早く教えさせたとしても、仕事に就いて一人前にやれるようになったら、その先に本人から何も出てこないではないか」と私は思います。そうではなくて、クリエイティブな教員になってもらうために、私には、もっと学生に教えたいことがいろいろあるのです。「教職に関する科目」を担当している多くのまじめな大学教員はきっとそう思っているでしょう。

最後にもう一つ懸念していることを書きます。教職コアカリをつくった検討会では、コアカリの作成を教科に関する専門的な科目まで広げていく、という意見が出されていました。これは絶対にやめてほしい。いろんな専門分野の大学教育を破壊しつくしてしまうことになります。ここで述べてきたのと同様に、「初中等教育の現場で教員に必要とされるもの」が、広い分野の個々の専門科目が依拠する学問の体系性や構造を破壊することになるのです。つまり、教員養成の論理が、大学の教育・研究の全体を歪めてしまいかねないのです。教育学の諸分野は、教職コアカリに引きずられて、今後は教育も研究も歪んでいくかもしれません。でも、教育関係者は、大学における他の分野の専門教育や研究にまで迷惑をかけてはいけません。

おわりに

二〇一二年の答申では、教員の能力・資質の向上に関して、修士レベルへの養成の延長と教職大学院の拡充という思い切った策が提案されていました。北欧なんかではそうなっていますから、そういう案は、予算の確保という大問題をクリアしないといけないという実現可能性は別にして、案としては納得のいく考え方でした。

しかし、その後つくられた二〇一五年答申をもとにしていま進んでいる改革は、「望ましい教員像」を国や行政が設定して、養成や研修でそういう教員をつくり出す、という方向で進んでいます。たくさんのお金がかかるような改革は断念して、養成や研修の仕組みや中身をいじりまわすことで、質の向上を図りたいという姑息なものです。しかも、教職コアカリキュラムにせよ、育成指標にせよ、一元的で恣意的な「教員の成長」像が設定されていますから、そこにはここで述べてきたように、たくさんの問題がはらまれています。

「一生学び続ける教員」という理念はすばらしい、と最初に書きました。そのために国や行政が果たすべき役割は、個々の教員がそれぞれが自分なりの課題を立て、それを意識して研鑽を積んでいくことを支援する、ということだと思います。そうであれば、姑息な教育論や育成論を大学や現職教員に押しつけるのはやめてほしい。いつも受け身で視野が狭い教員ばかりをつくることになります。

むしろ、教員が自己研鑽をやれるような条件整備や環境整備こそが重点的になされるべきことです。いまの教員を考えると、多忙化を軽減して超過勤務の蔓延をなくすことが、何よりの重要課題です。教職員の基礎定数の抜本的改善が何よりも必要です。また、大学や大学院での学び直しの機会をもっと増やすことも必要です。「職専免」といいますが、職場での職務に専念する義務を免除して、あちこちに出かけて行って自主的に勉強したり、研究をしたりすることが、もっと大規模に認められていくべきだと思います。そのための定員をしっかり増やすことも必要です。
教職を志望する学生には、大学でしか学べないものを学んでもらい、自由な大学生のときにしか考えられないことをとことん考えたりして、「一生学び続ける教員」の基礎を身につけてほしい。理不尽な教職コアカリのしばりの中で、授業を通して学生たちに何が伝えられるのか、どうやったら面白い教員を育成することができるのか、私も考え続けていきたいと思っています。

文　献

笹本佳男　二〇一二、「教員の成長と学習機会――教員アンケートの分析から」『教育学雑誌』第四七号、日本大学教育学会。
広田照幸　二〇〇九、『ヒューマニティーズ　教育学』岩波書店。
広田照幸　二〇一七、「教員養成像の貧困」『内外教育』第六五八八号、時事通信社。

13　教員集団の同僚性と協働性

(1) 教育改革のしわ寄せは教員に

一般に、改革を行おうとするときに考慮されねばならないことはいくつかある。

第一に、目的と手段の適合性である。手段が目的を達成するよう組織されたものでなければならない。第二に、効果のほうが副作用よりも大きいものでなければならない。改革に伴うコストやリスクの総量が、改革による利益の総量を上回ってしまうなら、やらないほうがましだ。第三に、デメリットが特定の者に集中しないこと、もしくは、集中する場合には、それをどう扱うのかをきちんと考えることである。

しかし、近年の教育改革は、その三つとも満たされていない感じがする。

第一点目について。目的と手段の間がうまくつながっていない。二〇〇〇年代に採用された多くの改革案、「競争と評価で追いたてれば、教員はもっと仕事をするはずだ」という、単純なモデルに基づいている。学校選択だの、学校評価だの、教員評価だのと、もっともらしいキイ・ワードで語られてはいるが、そのほとんどは、教員の「やる気」に目標を定めたものである。最終的に教育がよくなるかどうかは、教員の「やる気」次第だというのだから、危なっかしい精神主義が隠されているのだ。

第二点目については、時間コストや人的条件に配慮が払われずに改革が進行しているといえる。効率化や新しい試みの導入によって、教員の業務時間が増えてしまうのかどうかという点はあまり考慮に入っていない。

第三点目については、近年の改革によって、保護者・子が受益者となり、教員が負担をこうむるという構図がはっきりしてきている。「お客様は神様」という消費者資本主義的な構図で、学校が論じられてしまっている（「モンスターペアレント」は、その論理が生み出す病理のひとつである）。

以上のように、全体として、改革のしわ寄せは教員に降りかかってきている。教育社会学者の久冨善之は、欧米の教育改革がどこでも教員を改革のターゲットにしてきていること、しかし同時に、改革の諸方策が現実に教員の教育力量を高めうるということが理論的に証明されていないことを、鋭く指摘している（「教育改革時代の学校と教師の社会学」久冨・長谷川編『教育社会学』学文社、二〇〇八年）。全世界で進んでいるのは、教員にやつあたりするばかりの改革なのである。

だから、教員としたらたまったものじゃない。次々と打ち出される改革メニューを消化しきれず、「改革疲れ」が起きつつある。「説明責任」が強調されてきた結果、書類作成など、通常業務が増加している。「各学校で創意工夫しろ」という話になれば、どうしても新たな会議や打ち合わせは多くなる。地域や保護者との関係づくりのために、いろいろな骨折りも増えてきた。さらに、教育行政側がただ「説明責任」を形式的に示すために、研修等の機会を増やしたり、新たな文書作成や改革努力を現場にもとめたりする部分がある。結果的には、現場はますます追いたてられることになる。

こうした現状において、体調を崩す教員が目立ち始めている。一九九八年度には一七一五人だった精神疾患による病気休職者は、二〇一七年には五〇七七人へと大きく増加した。全教員に占める割合も〇・一八％から〇・五五％へと大きく増加している（文部科学省「平成二九年度公立学校教職員の人事行政状況調査について」）。

何よりも深刻なことの一つは、評価や競争が学校に持ち込まれたことによって、同僚性や協働性のような、教員相互の関係をつくってきた組織文化が、揺らぎつつある点である。

（2）チーム労働としての教職

日本の教員の仕事は意外なほどチーム労働である。教育以外の分野の研究者と議論して、なかなか理解してもらえないのは、この点である。政治学の専門家でも経済学の専門家でも、自分が受けてきた教育を思い出すとき、教壇に立つ授業中の先生の姿だけを思い浮かべているらしい。だから、個人を単位とした評価・競争の徹底をやれば、教育の質が向上するはずだ、と思い込んでいる。

実は、教員の仕事の重要な部分は、教員集団のチーム労働や、メンバー相互の協力によって支えられてきている。現場にいる人にはあたりまえの話になってしまうのだが、ここでは、三つの側面を整理しておきたい。

第一に、「分業と協力」という側面である。日常の学校運営は、多種多様な仕事が組み合わさって成立している。一見すると、クラス担任、学年主任、生活指導担当など、分業が徹底した組織の印象を与えるけれども、あくまで協力を基盤とした分業にほかならない。

学校に限らず、どの組織にも「使える人」ばかりではなく「使えない人」が一定程度いるものである。会社にもいるし、大学の教員にもいる。「使えない人」を抱えながら、それでも学校運営に支障をきたさないのは、適切な協力を伴った分業によって、教員間でフォローし合ってやりくりしているからである。火急の協力態勢は教員間が相互に支え合うきずながあるから可能になるのである。

第二に、教員が集団的に統一された方針や基準で指導にあたるという、「指導方針の一貫性」である。

進路指導や生徒指導の方針が、もしも各教員の間でバラバラだったら、生徒や保護者の信頼を失ってしまうことになる。「あの先生はいいと言ったのに、この先生はダメだと言っている」というふうなことが起きるからである。だから、指導のやり方で足並みを揃えるためには、協議や周知のための会合をとおして、いつも各教員が情報を共有しておく必要がある。

ある調査によれば、空き時間における教員間のインフォーマルな会話の内容で最も多いのは、「問題のある児童・生徒の話」だという(久冨善之編著『日本の教員文化――その社会学的研究』多賀出版、一九九四年)。これは実はとても注目すべきことだ。クラスの難事を、担任教員だけの問題として片づけるのではなく、情報が共有され、同僚の協力で解決に取り組まれていることが示唆されているのである。

第三に、「教員のスキルの向上」という点でも、教員集団が重要な意味を持っている。

たとえば、日本の教員は先輩や同僚からアドバイスを受けながら自己改善を図り、一人前になってきている。とりわけ、若手教員が失敗しながら実力をつけていく際に、先輩や同僚の存在が大きな力を発揮してきた。

また、授業や学級運営の向上に取り組む、教員同士の授業研究や自発的な交流は、諸外国から高く評価されている。個人主義的な文化が強く、同僚同士で授業を見せる習慣がなかったアメリカでも、近年は日本から学んで授業研究の導入が進められている。

日本の学校は、伝統的に、教員のチーム労働によって支えられてきたし、そのことが、若手教員の成長の土壌でもあった。

競争と評価の原理による教育改革は、このような集団的な教員文化を弱める方向に作用している。責任の個人化は、自分の担当を超えたことへの無関心と免責意識を生む。次々と仕事が課される現在の状況は、教員が相互に助け合う余裕も失わせることになる。

改革の結果は、学校の活動全体に共同で責任を負っていこうとする意識の後退と、教員の孤立化である。以前なら先輩や同僚に相談するなどして教員集団で対応できていたものが、次第に困難になりつつある。

(3) 教員を育てる文化

では、学校教育をよりよいものへと高めていくために、教員はどういう方向に進んでいけばよいのだろうか。いくつかの選択肢がありうる。

①ドライな組織、個人主義の教員文化

まず考えられるのは、近年の改革の方向である「競争と評価」をさらに徹底して進める道である。

教員評価をもっと厳しいシステムでやっていくとか、教員の身分を流動的なものにして入れ替えを促進する、といった方向である。

しかしながら、この方策は必ずしも効果的ではないだろう。評価や競争で教員の「やる気」を刺激しようとする策は、結果的に、学校を殺伐とした組織にしてしまう。

個々の教員は疲れきったり、私生活主義に逃げ込んだりすることになるように思われる。たとえば、数値目標の達成に追われ、熱い教育的理想や、目の前の子どもとの充実した関係など置き去りになってしまいかねない。同僚との関係は、協働的なものではなく、相互の不干渉化が進んでしまうだろう。個人責任の強調は、学校の諸活動を、個人プレイの集積にするからである。

暗黙の相互援助のような形で成り立ってきた、分業と協力とが成り立たなくなるかもしれない。各自の指導方針をすり合わせて足並みを揃える、といったことも困難になり、あらかじめ規則や申し合わせで細かく文書化しておかないと徹底しない、といった事態も考えられる。また、若手教員は、これまでのような、職場でのコミュニケーションを通じたおおらかなスキル形成の経験ができなくなっていくかもしれない。

少なくとも、さまざまな部分で日本の教員文化の長所だった部分がさらに弱まるように思われる。だから、この道は得策ではないと、われわれは考える。

②旧来の教員文化の再評価・再強化

そうであるとすると、新たなシステムの構築を目指すのではなく、これまで培ってきた教員文化を再評価するほうがよいのではないか、と思えてくる。同僚性、協働性といった語で表現されるような教員文化の再強化の道である。これは悪くない。

実は、低学力の子どもたちの学力向上に成功している「力のある学校」を調査した研究では、依然として、同僚性や協働性が、よい学校のための最重要のカギである。

教員たちの取り組みや生徒の表情、地域との関わりに着目しながら、長期にわたって学校現場を調査した志水宏吉は、学校づくりの急所は「気持ちのそろった教職員集団」、すなわちまとまりのある教職員集団をいかにつくり上げるかという点だ、ということを明らかにしている（志水『公立学校の底力』ちくま新書、二〇〇八年）。その要点を簡単に紹介しておきたい。

第一に、チーム力を引き出すリーダーシップが重要である。ここでいうリーダーシップとは、校長のそれだけではなく、補佐役の教頭のリーダーシップ、そしていわゆる「ミドルリーダー」のそれ、さらには分掌やチーム内におけるそれである。各リーダーが固有の重要性を担いながらチーム力を引き出していくことで、学校組織が活性化していくわけである。

二点目は、信頼感に基づくチームワークである。個々の教員の経験や力量には大きなちがいがあるし、それぞれの考え方や持ち味も多様性に富んでいる。教員相互の信頼関係こそが、それらを結集し、まとまった力を生み出す形――チームワークを基盤とした学校組織――へと発展させていく。

三点目に、学び合い育ち合う同僚性が重要である。同僚性の乏しい学校では、教員は孤立感を抱きやすくスキルを向上させにくい。それに対して、高い同僚性を持つ学校では、相互にサポートし合う形ができており、豊富な切磋琢磨の機会があるという。さらに、団塊世代の退職によって若手教員が大量採用されたが、この教員同士のお互いに支え合い高め合う関係性（同僚性）が、彼らを育てていくことになる、と志水は期待している。

③外部の知的刺激を教員文化のリニューアルに活かす

同僚性や協働性を基盤とした旧来の教員文化は、志水の描くように、現代の学校づくりに有効に生かせるものだと思う。だから、同僚性や協働性の再強化は有力な道である。しかし、道はそれだけではないし、それだけでは不十分なようにも思われる。

ここではもう一つ、まったく別の道を提起してみたい。それは、外部の知的刺激をもっと積極的に、教員文化のリニューアルに活かす、ということである。「現場から学ぶ」だけでなく、「現場にはない視点を学ぶ」をもっと積極的に組み入れて、後者を前者の刺激にしていくという方向である。

学校の組織原理や、学校と社会との関係が比較的安定していた時代は、「現場主義」でも不都合はなかったのかもしれない。しかし、九〇年代以降の急激な環境の変化の結果、校長もベテランも教員みんな揃って、「いままでにない事態」（いままで経験したことのない事態）に直面する状況になっている。こうした変動期には、「現場から学ぶ」だけでは限界があろう。「先輩・同僚から学ぶ」とは別の回路が必要となる。

たとえば、大学で教育学を学び直したり、社会の現実についてを学んだりといった方策が考えられる。幅広い教育学や社会の現状について理解することで、実際に教育現場で生じている「教育問題」を的確に把握し、より適切な対応方法を模索できたりするかもしれない。また、大学で学んだ諸学は、さらなる勉強を思い立ったときに役立つことだろう。大学の最新の研究は、教員が新しい発想で学校を見直そうとするとき、現場べったりのものの見方とはちがったものを編み出すためのヒントを与えてくれるはずである。

新時代の教育活動の新しいノウハウが、こうした営みの中からつくり上げられていくとしたら、きっと面白い状況が生まれる。学校の外で多様に自己研鑽を積んだ教員が組み合わさったりしたら、教員間の議論の質がこれまでとはちがうものになるはずだ。

14 「教員は現場で育つ」のだけれど……

はじめに

勤務する大学で学生と話をしていると、「部活の指導をしたいので教職を目指します」という学生がたまにいます。「おいおい、そりゃあないだろう」と私は言います。「部活の指導の見返りに給料が払われるわけじゃないよね。授業をやって給料をもらうんだよ。君はいったいどういう授業をする先生になるつもりなのかね」と、イヤミを言うことにしています。

別の学生は、「子どもと人間的な触れ合いがしたいから教職を目指します」と言います。そう述べる学生に対しては、「君の気持ちは分かるけれど、それでどうして給料をもらえるのかね。「触れ合い」ではなくて「教育」こそが、教員の仕事じゃないか。君はどういう教育をしたいと考えているのかね」と、ツッコミを入れることにしています。

では、この小文をお読みの先生がたは、何のために先生をしていらっしゃいますか。「教える仕事が好きで、本や論文を読んだり、どこかに出かけて学んだりしながら、自分なりに見識を深めながら「よりよい教育」の実現に努力している」というかたがいらしたら、その人はこの小文を読む必要はありません。そうでない方は少しおつきあいください。

ひょっとすると、「何のために先生をやっているのか？　それはメシを食うためだよ」とお答えの先生がいらっしゃるかもしれません。それはまっとうな考え方で、私は好きです。教職は無償の奉仕活動ではありません。教職は教育という仕事をやることで、給料をもらう、そういう職業です。ぜひ、給料をもらうに値する、しっかりとした教育をやっていってください。プロとして誇れるような仕事をお願いします。

ここでは、教員の力量の成長という問題を論じたいと思います。調査データを確認した後、近年の社会・教育の変化について触れ、少しだけ提案をします。教職は本来クリエイティブな仕事だと思うので、そのために必要なことを提案したいと思います。

一　教員の力量の成長――その現状

「教員は現場で育つ」と言われてきました。最近の調査データからもそのことは裏づけられます。図14―1は、「教育新聞教師力研究会」（代表・小笠原喜康日本大学教授）が行った全国の公立小・中・高の教員・管理職を対象にした調査結果です。(1) 子どもたちへの指導に自信がある割合は、二〇代教員では二割にとどまり、年齢が上昇するにつれて割合が増加し、五〇代では六割に達しています。図14―2は「教科に関する専門知識」がいつ頃身についたと思えるようになったかを尋ねたものです。大学を卒業するまでに十分身についたと答えた教員はごく少数で、大半は、教職について数年後、ないし一〇年以上たってから、と答えています。「子どもとのコミュニケーション」とか「地域の人

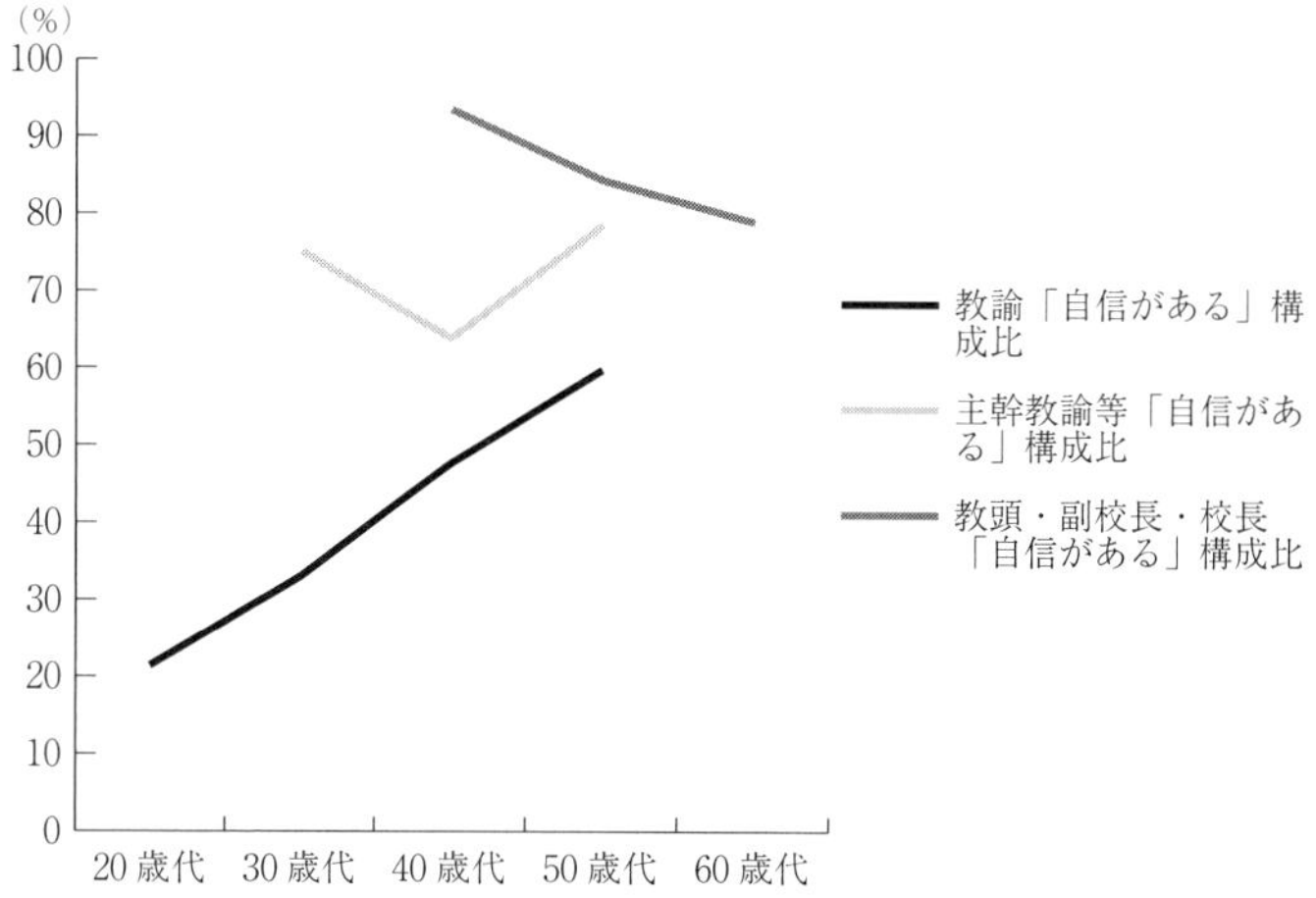

図 14-1 「子どもたちの指導に自信がある」教員の割合

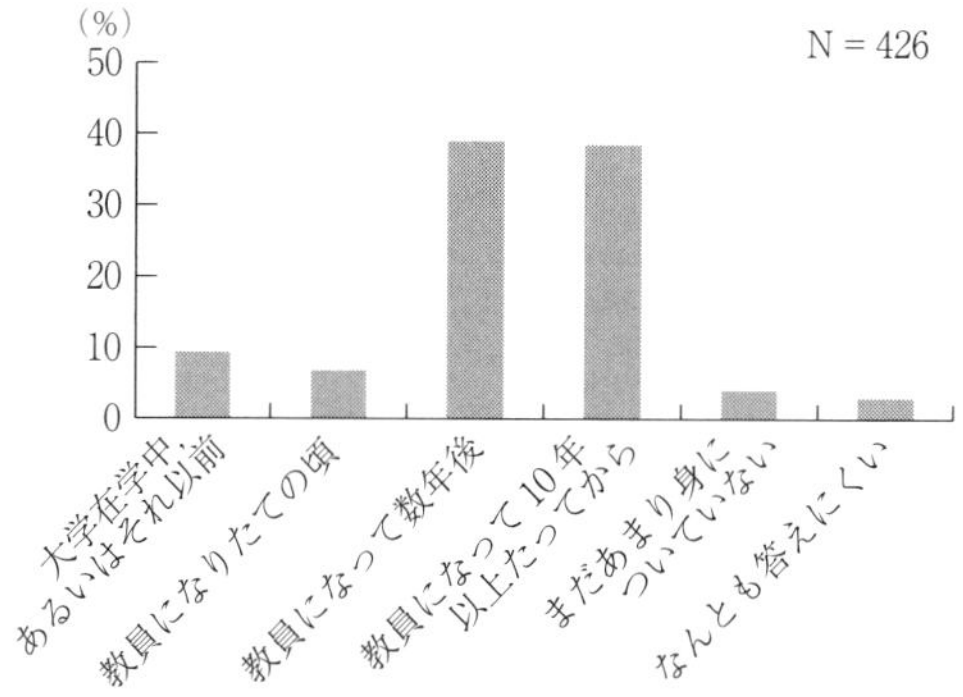

図 14-2 教科に関する専門的知識

表 14-1　一般教員の学習機会　N＝271

	よくする	たまにする	あまりしない	まったくしない	合計(%)
マスメディア(新聞・テレビ・雑誌等)における報道に目を通す	74.9	23.3	1.6	0.2	100.0
所属校における研修や法定研修に参加する	66.3	29.6	4.1	0.0	100.0
職場の同僚と個々の子どもについて意見交換する	64.8	31.9	3.3	0.0	100.0
教育や教材に関する本や資料を読む	41.7	50.9	7.4	0.0	100.0
インターネットによる情報収集	40.4	43.9	15.1	0.6	100.0
管理職の人たちからアドバイスを受ける	33.8	54.5	10.4	1.3	100.0
各種研究会や学習会に自主的に参加する	19.3	47.5	29.5	3.7	100.0

や保護者とのコミュニケーション」「生徒指導の力量」なども同様に、数年ないし一〇年ほどの間に身についた、という回答が大半を占めています。

つまり、教壇に立って、仕事をしていくうちに教員の力量は高まっていくのだということです。新卒採用で教員になったばかりの読者のかたは、不安でいっぱい、失敗も数知れずかもしれません。でも安心してください。経験の蓄積の中で、「よい教員」に育っていくのです。年配の教員のかたは、どうか自信を持ってください。長い教壇生活を通して、若い頃よりもきっと知識も増え、スキルも上昇しているはずです。隣のクラス担任の若い先生よりは、ベテランのあなたはきっとうまくやれているのでしょうね。

では、どのようにして、教員の力量は高まっているのでしょうか。表14―1は一般教員のかたがたの普段の学習機会の状況を尋ねた結果です。マスメディアの積極的な利用や研修の機会が多いことは「そうだろうな」と思いますが、注目すべきは「職場の同僚と個々の子どもについて意見交換する」割合の高さです。

日本の教員は、先輩や同僚とのコミュニケーションを通じて成長してきた、といわれています。職員室の何げない会話が子どもや教室の問題を共有する役割を果たし、先輩がアドバイスをしたり相談に乗ったりし、困難には協力し合って対処する。お互いに授業を見せ合う研究授業は、教員の授業力を高めるのに大いに役立ってきました。「授業研究」の仕組みは、いまでは日本から学んだ米国で流行中だそうです。「教員は現場で育つ」ことのかなりの部分は、教員同士のコミュニケーションが大きな役割を果たしてきています。

二 これでよいのか――"Yes, but ……"

(1) 質の高い日本の教員

では、「教員は現場で育つ」という日本の教員のあり方は、これでよいのでしょうか。私の見解は、"Yes, but ……" というものです。すなわち、いままでのやり方はそれなりにうまくいっているので、大事にしたほうがよい。でも、同時に、社会の変化の中で、教員の成長の新しいあり方が必要になっているのではないか、と思うわけです。教科指導の面に重点を置いて、以下お話しします。

まずは、いままでのやり方はそれなりにうまくいっているという話からします。一九九〇年代に小中学校における算数・数学の授業の様子についての国際比較調査がありました。そこでの結論は、

「日本の小中学校の授業は優れている」というものです。米国の授業に比べるとドイツと日本の数学の授業は展開的なレベルの時間が多く、米国やドイツの授業に比べると、日本の授業では生徒が提示した別解をより多く扱い、生徒が個別に取り組む作業にはレベルの高い課題が与えられている、というふうです。(2) 日本では教材を現実の世界にうまく関連づけて教えている割合が高いし、生徒の誤答もうまく授業の展開に活用しています。(3) 米国の研究者らは、それを、教員の相互学習のたまものだと考えています。日本では「新しい世代の教師それぞれに対して、授業実践で蓄積された知識を伝える組織的な努力がなされています。また、教師間の継続的な職業上の交流のために必要な考慮をすることで、この種の実践をより完全にしていく組織的な努力もなされています」(4) というわけです。

「学力低下か」と騒がれているPISA調査の結果も、冷静に見るとそうではないことが分かってきます。PISA二〇〇九年の結果の日本に関するOECDのレポートでは、日本は依然として学力は高い水準にあること、授業の状況もかなり良好であると分析されています。(5) 確かにPISA二〇〇三年ではテスト成績が急落したのですが、これについては、二〇〇〇年調査ではサンプルの偏りがあったためだということを、国立教育政策研究所の有元秀文さんが指摘されています。(6)

他の調査や分析も含め、全体としてみると、日本の教員も学校もよくやっている、というふうに言うことができます。外国の研究者はおおむねそういう見方をしています。「日本の教員はダメだ」などという決めつけの批判をしている人たちは、国際比較調査のデータをきちんと見もしないし、教育現場もよく知らない人たちなのだと思います。だから、先生がた、どうか自信を持って授業をやっていってください。

とはいうものの、これまで通りではいけなくなってきている部分もあると思います。「教員は現場で育つ」という考え方の限界も意識し、そこに安住しないことが必要になってきている、というのが私の見解です。二つのことを述べます。

(2) 現場主義の限界

一つは、社会が子どもたちにもとめるものが変化してきているということです。たとえば、学校は進学・就職した後にしっかりとやっていける力をつけよ、といわれる時代になっています。全国学力テストのB問題やPISA調査の問題などが典型です。詰め込み型の知識ではなく、身につけた知識を使いこなすスキルがもとめられるようになっているわけです。また、自らが課題を立てて、それを解決していくような力ももとめられるようになっています。いわゆる日本的雇用が揺らぎ、社会が流動化してくると、学校の勉強の効用は、進学や就職に有利という選抜の手段としてだけでなく、まさに「学んだものが将来役に立つか否か」が問われるようになっているのだと思います。

それだけではありません。地方分権化が進んでくると、一人ひとりが社会のあり方の決定や運営に主体的に参画することが必要になってきます。社会のことは政治家や官僚にお任せ、という時代は終わりです。内閣府の「子ども・若者ビジョン」(二〇一〇年)では、「自らの力で未来の社会をよりよいものに変えていく力を身に付けることができるよう、健やかな成長・発達を支援します」と謳われています。子ども・若者に「社会の能動的形成者」になってもらう教育を考えていく必要があります。

このように、知識を覚えさせつつ集団生活になじませるという、旧来型の学校教育とはちがったものが、現代ではもとめられるようになっています。
もう一つには、社会が教員にもとめるものが変化してきています。学習指導要領の最低基準化(二〇〇三年)によって、教授内容のレベルでの自由度が増しています。各学校での特色ある教育課程づくりも上から推奨されています。総合的学習の時間を始め、各学校や教員が創意工夫することができる幅が、一昔前よりも広がってきています(7)。

現実の学校教育は、こうした社会からの新しい要求にどう応えていけばよいのでしょうか。これらの事態は、若い教員だけでなくベテラン教員にもまったく新たな事態だといえます。だから、「現場で学ぶ」というこれまでのやり方だけではうまく対処できないのではないでしょうか。総合的学習の時間が導入されたとき、現場が「何をどうやったらよいのか」と困惑したのは、参考になる経験の蓄積がなかったからなのだと思います。似たようなことが、今後もいろいろと起こっていくはずです。

三　自主的で多様な学びを

そこで、私の提案です。これからの時代の教員のかたがたには、ぜひ、現場の体験から学ぶだけでなく、学校の外の場やツールで多様な学びを自主的にしていってほしい。これまでの学校やこれまでの授業にないものを、ぜひ学校の外で探し出して、学校に持ち込んでほしいと思います。大学や大学院で学び直したり、学会や研究会、講演会などで学ぶといったこともあるでしょう。教員が自主的な研究サークルや読書グループをつくったり、他の専門分野の人たちとの交流を持ったりすることも有

表14-2 「よくする」教員にとって学習機会が参考になるかどうか

	とても参考になる	それ以外	合計(%)	「よくする」一般教員の数(人)
マスメディア(新聞・テレビ・雑誌等)における報道に目を通す	20.5	79.5	100.0	176
所属校における研修や法定研修に参加する	35.9	64.1	100.0	167
職場の同僚と個々の子どもについて意見交換する	75.4	24.6	100.0	179
教育や教材に関する本や資料を読む	63.3	36.7	100.0	98
管理職の人たちからアドバイスを受ける	77.9	22.1	100.0	77
各種研究会や学習会に自主的に参加する	69.4	30.6	100.0	49

「インターネットによる情報収集」については質問していない.

益だと思います。マニュアル本ではないたぐいの本もしっかり読んでみてください。見識を深め、アイデアを生み出すような読書ですね。

表14―2は、表14―1で、それぞれの学習機会が多い教員(「よくする」と答えた教員)が、その学習機会を「とてもためになる」と考えている割合(有益感)がどのくらいかをみたものです。報道への接触や与えられた研修は表14―1で見たように実行率は高かったのですが、「とてもためになる」と考えている割合は高くありません。むしろ、「本や資料を読む」とか「研究会・学習会に自主的に参加する」という項目での有益感が高いのです。自主的に取り組む学習機会は、大変だけれど得るものが大きい、ということですね。

子どもたちに「自主的に勉強していってね」と言いながら、教員自身が与えられたもの以上の学びをしないとしたら、それは大いなる皮肉です。教員の皆さんには、ぜひ自主的に新しいことを学んで、現場での議論や実践に持ち込んでください。それが学校を活性化させる糸口になると思います。

もちろん現実は厳しいものがあります。相次ぐ無定見な改革や、学校の業務の拡大などによって教員の仕事は忙しくなっています。そのため、新しいことを考えたり研究したりする余裕はなかなかないかもしれません。教員や補助スタッフの増員やムダな業務の整理など、勤務環境の改善をもとめていくことが必要です。しかしながら、現代は社会も学校も大きな変動期です。「先輩から学ぶ」「経験から学ぶ」というのに甘んずるのではなく、多様な勉強の機会をぜひ自主的につくっていってください。

（1）調査の詳細および主要な分析結果は、次のものを参照。広田照幸・笹本佳男「教員は現場で育つ」他『教育新聞』二〇一一年七月四、二四日、八月四日（連載）。笹本佳男 二〇一二、「教員の成長と学習機会——教員アンケートの分析から」『教育学雑誌』第四七号、日本大学教育学会。校長会を経由した調査で、サンプリングの都合上、データは若干優秀な教員層に偏っているものとして解釈される必要がある。
（2）J・W・スティグラー、J・ヒーバート、湊三郎訳 二〇〇二、『日本の算数・数学教育に学べ——米国が注目する jugyou kenkyuu』教育出版。
（3）H・W・スティーブンソン、J・W・スティグラー、北村晴朗・木村進監訳 一九九三、『小学生の学力をめぐる国際比較研究——日本・米国・台湾の子どもと親と教師』金子書房。
（4）同、一八六〜一八七頁。
（5）“VIEWING THE JAPANESE SCHOOL SYSTEM THROUGH THE PRISM OF PISA” (http://www.oecd.org/document/61/0,3746,en_32252351_32235731_46567613_1_1_1_1,00.html)
（6）有元秀文 二〇一〇、「原点ＰＩＳＡに立ち返れ」『教育科学　国語教育』一二月号、明治図書出版。

(7) 広田照幸・小林彰彦 二〇一一、「地方分権と教育」『学校運営』第五三巻第三号、全国公立学校教頭会(本書第九章)。

15　教育の複雑さ・微妙さを伝えたい

シロウト教育論と狭い生徒体験

教育をめぐる議論は、シロウト教育論が席巻してしまっている。多くのシロウト教育論は、分かりやすいが単純すぎる論理構造だ。教育の現状を大づかみでとらえて、あっさりと全否定してしまう。「いまの日本の教育はダメだ」というふうに。そして代わりに、何か単純な教育の原理や手法を掲げて、「これをやれば日本の教育は良くなる」と主張する。道徳教育の強化だったり、教員の総入れ替え案だったり、自分が経験した何かの実例だったり。こうした議論には、現実の教育への強烈な不信と、自分が信じる教育内容や方法への手放しの期待がある。いまの日本の教育は無能、私が勧める教育は万能、というわけだ。

そういうシロウト教育論は明快だが、だからこそ危なっかしい。教育の複雑さ・微妙さがまるっきり無視されているからである。専門外の人に「これからの日本の教育は○○しなければならない」などと、根拠もなく強い調子で主張されると、現実を丁寧に考察しようと心がけてきた教育学者の私としたら、何と答えてよいか途方に暮れてしまう。「日本の教育はどうしようもない」と一言で切って捨てられたりすると、反論する元気もなくなってしまう。「教育はそんな単純なものではない」というのが、長年教育学を研究してきた者としての私の思いなのだが、教育の複雑さや微妙さを説明して相手に理解してもらうのはなかなか難しい。たいていの人は、そんな面倒くさい説明を聞くのをいやがるからである。

私がいま教えている学生もまた、入学してきた時点では、たいていは教育をとても単純に考えている。彼らの場合は、いわば「シロウト教育論＋自分の狭い体験」である。世間話やメディアで流れる単純な教育論と、自分が高校を卒業するまでの間に生徒として経験したものとが合体したような教育認識なのである。

自分の体験というのは、教育学を学ぶうえで意味がないわけはないのだが、でもやはり狭い。教育学という学問との間に距離がある。教員志望の学生が、「自分も教員になって、(自分が受けてきた)××のような教育をやりたい！」とあまりに強く思っているような場合には、それ以外のものが目に入らなくなる。「自分の狭い体験」が絶対化されてしまうのだ。

そういう学生には、教員採用試験に役立つ内容以外はムダな知識として映ってしまう。「教育とは何か」を深く考えさせてくれるはずの教育史や教育哲学の授業が、小難しくつまらない事実や学説の羅列に感じられてしまう。現実の教育の幅広さや奥行きを知ることができる比較教育学や教育社会学の授業が、教員としての仕事に無関係なものに見えてしまう。

しかも、そういう学生に限って、妙に自信たっぷりだったりする。「(教員になって)××をすれば、必ず生徒はついてきますよ。イジメだの不登校だの、いまの教育は問題だらけだけど、オレは大丈夫っす」と胸を張っている。私は「いや、まぁ、キミはそう言うけれど、教育はそんな単純なものではないよ」と言うのだが、教員との雑談を楽しんでいる学生の楽しい雰囲気をぶち壊すのも申しわけない。だから、仕方がない、「いかに教育は複雑で微妙か」ということは授業の中で説明をするしかないか……。一見すると教員の仕事に無関係にみえる教育学の知識が、教育を深く理解するためには実は重要だということを、授業では内容の説明に先立ってしっかり論じておくことにしよう。

教育の定義と教育学の広さ

そもそも、「教育とは何か」という問いを考えてみる必要がある。この「教育とは何か」という問いは、定義に関わる問いである。「教育＝よいもの」という前提を置いて、思い入れたっぷりに定義することはできる。当人が理想だと考える教育の姿を「真の教育(＝教育とはこれだ！)」として、そうでない現実の教育を批判するやり方である。

しかし、私はそういう定義の仕方をしないことにしている。現実の教育は、ほとんどの場合、「理想の教育」とはかけ離れている。だから「教育とは何か」という定義に理想の教育を据えてしまうと、現実の複雑さや微妙さを分析的に考察する手がかりを失ってしまうからである。そこで私はもっとシンプルでドライな定義を採用することにしている。

「教育」に関する私の定義は、「教育とは、誰かが意図的に、他者の学習を組織化しようとすることである」というものである(広田『ヒューマニティーズ　教育学』岩波書店、二〇〇九年。広田・塩崎編著『教育原理』樹村房、二〇一〇年)。

「教育」にこのような定義を与えてみたら、現代の学校教育に関して、たちまちたくさんの疑問が湧いてくる。教育の複雑さを考えるスタートとしたら、ちょうどいい。もう一度私の定義を読み直してほしい。この定義でいう「誰か」とは、現実的にあるいは原理的に、いったい誰を指すのか。「意図的に」というのはどういう意図なのか、また、その意図はどこから生まれるのか。また、その意図はどう正当化されるのか。「他者の学習を組織化」というのはどういうやり方が理論的に可能で、現実的にはどうなっているのか。「組織化しようとすること」とズレてしまう結果が生まれてしまっている現実をどう考えるか。……つまり、教育の担い手に関する問い、目的や目標に関する問い、方法や内容に関する問い、理念と現実との関係に関する問いなど、さまざまな問いが存在しているのである。目の前の教育とは異なる教育のあり方を考えるためには、これらの問いに向き合う必要がある。

教育学がさまざまな分野（教育哲学、教育社会学、教育行政学、教育方法学など）から成り立っているのは、固有のアプローチ（接近方法）や固有の対象の考察や実証を通して、これらの問いの一つひとつに適切な答えを見出そうとしているからである。たくさんの視点からは、たくさんの複雑な議論が生まれる。単純すぎるシロウト教育論や狭い教育経験とは袂を分かって、教育学が地味なテーマで実証研究を積み重ねたり、小難しい理屈を述べたりするのは、ある意味で必然なのだ。「教育とは何か」という問いは、もっと具体的なたくさんの種類の問いから成り立っているわけである。

しかし、適切な答えは簡単には見つからない。いろんなテーマが対立する説や対立する主張に満ちている。たくさんの種類の答え方が可能だからである。「これが正しい」と主張する教育学者の説が、別の教育学者に批判されることは、ごくあたりまえである。

だから、これらの問いを頭に置きながら考えていくと、現実の教育をどうとらえるかも複雑だし、あるべき教育の方向をめぐる思索も複雑にならざるをえない。以下、ここではこの定義を起点にした三つの観点から、教育の複雑さや微妙さについて論じていきたい。

①他者への行為としての不確実さ

第一に、「他者の学習を組織化しようとする」というのは、考えてみるとすごく傲慢なことである。他者にとっては、それを受け入れるかどうか、選択の余地がある。ドイツの社会学者、N・ルーマンに言わせると、子どもにとって、自分に押しつけられる教育は単なる外部環境の一つにすぎない。「他者の学習を組織化」しようとする教育は、相手に受け入れられるかどうか、また、もしも受け入れられたとしても教育者が思うように相手が考えたり行動してくれたりするかどうか、はなはだ心もとないのである。

このことを私は「教育の不確実性」と呼んでいる(広田 二〇〇九、六三~七二頁)。すなわち、①教育を受ける側は、教育に対して、常にやり過ごしたり離脱したりする自由を持っている。②教育を受ける側は、教育する側が意図したものとまったく異なることを学んでしまう可能性がある。③教育の働きかけは、相手(と相手の状態)によって、まったく異なる結果が生じてしまう。④それゆえ、教育に失敗はつきものである。

教育する側が、個々の子どもに適した内容や方法で教育しようとすることはできる。その場合、多様な人間のあり方を想像できる深い人間理解や、個々の子どもに対する注意深い観察が必要になる。何かの宣伝で「やる気スイッチ」とかというフレーズを見かけるが、ロボットとちがって人間には同じ場所にスイッチがあるわけではない。ある子どもに対して成功したことが、別の子どもでも成功する保証はないのである。だから、教育は「××をすれば、必ず生徒はついてきますよ」というふうな単純なものではないのである。それどころか、ある子どもではうまくいった教育的な働きかけの仕方が、別の子どもではかえって有害な結果を生み出すこともある。

教員にとって、「一人ひとりの子どもを理解する」というのは必要だとされることが多いけれども、これもなかなか難しい。一クラス三十数人もいるいまの小学校ではそれが十分にできないことがあたりまえだ。ましてや教科担任制の中学・高校ではかなり困難である。授業中の態度や言動、休み時間の生徒の行動などを手掛かりに、「この子はこういう性格だ」とか「この子はいまこういう状況だ」というふうに教員は読み取ったりするのだが、それがまったく読みまちがいだった、ということも起きる。

結局の所、教員は手持ちの知識や経験と、目の前の子どもに関する限られた情報とを総動員して、自分が最善だと思うものをやってみるしかない。ドイツの教育哲学者、W・ブレツィンカは、「教育的行為は未知の結果を伴う未知の事柄への介入に他ならない。このような状況は、一方で成果への希望を許容するが、他方で控え目にしかその希望は抱けない」と述べている（『教育目標・教育手段・教育成果』玉川大学出版部、二〇〇九年、三〇七頁）。教育する者は、効果的な因果関係に関する不完全な知識しか持っていないし、ある手段が生起させる望ましくない副作用についても、見通すことができない。にもかかわらず、そういう中である手段を選んで教育をしていくことになる。教える側が十分に考え抜いて教育をしたとしても、失敗することは起きる。教育とはそういうものなのだ。

教育学で学ぶたくさんの知識は、目の前の状況の中で何が最善なのかを教員が考えるための素材を提供してくれる。教育の歴史の中の多くの成功と失敗は、自分が明日やろうとしている授業の留意点を教えてくれるかもしれない。教育心理学や教育社会学の理論や概念は、目の前の子どもを深く理解するための手掛かりになるかもしれない。教育は常に失敗がつきまとうのだが、教育学の知識を参照することで、最善に向けた努力をよりましなものにすることはできる。

②たくさんの意図と向き合う

「教育とは、誰かが意図的に、他者の学習を組織化しようとすることである」という定義に戻ってみる。シロウト教育論が描く世界とは異なって、現実の教育が複雑で微妙な第二の点は、教育には通常、たくさんの意図が込められているということである。

教育では、一つの行為に複数の意図が込められることがよくある。たとえば、中学の社会科で「近世の日本」について子どもたちに学習させているとして、鎖国政策の学習を通して、「歴史に対する興味・関心を高め」ることを目指して授業をすることもできるし、「思考力、判断力、表現力等を養う」機会として授業をすることもできる。両方を目指すこともできる(カッコ内はいずれも学習指導要領にある)。あるいは、「高校入試に出そうなポイントを学ばせる」とか、「グループ作業でみんなが仲良くなる」とか、「つまらなくても辛抱して座っている忍耐力を養う」といった、教員のほうで勝手に設定した意図が、(それぞれが適切かどうかは別にして)授業に込められるかもしれない。教員は、たくさんの目標の達成を意図して一つの授業を行うことができるし、普通はそういうものである。

逆に、一つの意図の実現に向けて、たくさんの教育行為が体系性・継続性をもって組織されることもある。「思考力を養う」などは、いろんな学習内容を素材にして繰り返し出てくるはずで、教員はその都度、「今回は何をどう考えさせるか」を考えて授業を進めなければならない。また、何年間かの間により高次のレベルまで到達させることが意図されているような場合には、個々の授業の個々の場面での学習が、累積的に配置されて適切に遂行されることが必要になる。特に、数学や英語のような累積性が強い教科では、「できる子にはできればここまで、できない子でもここまでは理解させたい」というふうな、複雑な目標を立てて教員は授業を行うことになる。これは簡単ではない。

教育に込められた意図には、しばしば対立するようなものも含まれている。学校は本質的に、集団と個、平等と差異についての矛盾をはらんだ空間である。「集団の一員であることの楽しさを味わわせる」という教育の度が過ぎると、集団になじめない子が排除され、いじめの対象になってしまったりする。平等な扱いが過ぎると一人ひとりのちがいが見失われ、差異を大事にしようとすると不平等や格差を正当化する教育になってしまう。

原理的には対立していないけれど、教育に費やせる時間が限られた中では対立してしまう意図、というものもある。「健やかな身体の子どもをつくりたい」というのと、「深く考える子どもをつくりたい」というのは、それ自体は対立しない。しかし、学校として行事を何にするかについて話し合うと、その二つが対立したりすることになる。国レベルでも、同じ意味で、どの教科に何時間割り当てる方針にするかでホットな対立が繰り返されてきている。

教育行政も個々の学校も、また個々の教員も、どういう素材を通して何をどのように教育するのか、常に選択していくことになる。特に教員は、複数の意図をあらかじめ設定し、目の前の状況の中で何を優先するか、何に向けて働きかけるのかを瞬時に判断をして、みずからの行為を選択していくことになる。少なくともよい教員であればそうである。

だから、教員になる学生たちには、たくさんの教育目的論や内容論とその背景、たくさんの教育方法論のさまざまなスタイルを身につけて教員になってほしい。それは、さまざまな意図(＝教育目的・目標)の中で、何をどうチョイスしてどう授業場面に結びつけるかについての基礎となるからである。ここでもまた、「××をすれば、必ず生徒はついてきますよ」というふうな単純なものではないのである。

③教育法令・制度の複雑さ

現実の教育が複雑で微妙な第三の点は、さまざまな法令や制度の中で現実の教育が行われているという点である。誰が教育を担うのかというとき、個人としての教員が個人的な行為として教育をするのではない点に目を向けると、法令に根拠づけられて制度化された教育という点が重要になる。「教育をよくするにはどうしたらよいか」とか、「学校で何がどこまでできるのか」といった議論には、教育法令や制度に関する知識が必要である。

公立学校でも私立学校でも、教員は自分が思う教育を好き勝手にできるわけではない。教育基本法や学校教育法が重要なのは当然のことだが、さまざまな法令によって、個々の学校や教員にできることの範囲が定められている。教育内容については、学習指導要領が定められているし、教科書の使用義務が最高裁で判示されている（一九九〇年伝習館高校事件最高裁判決）。公立学校の教員の身分については、地方公務員法や教育公務員特例法などの規定に従う必要がある。また、個々の学校や教員に何ができるのか／何をすべきでないのかは、国が定めたものとは別に、地方の教育委員会等が定めた条例や規則が拘束力を持っている。個々の教員はその範囲内で教育をやることになる。

戦後まもなくの時期のものを読むと、現場の教員には、はるかに大きな自由度があった。詳しくは述べないけれど、戦後日本の教育の歴史は学校現場に対する官僚制的統制が強まってきた歴史である。もっと末端に自由が必要だと思うのだが、行政の流れで法令遵守ばかりが強調される風潮になってきている。

私は、教員を目指す学生に「法令を読みこなせ」と言うようにしている。それが教員採用試験に出されるからではない。法令を読みこなせば、「何をしてはいけないのか」と同時に、「何がどこまでできるのか」が理解できるからである。「Xしてはいけない」という条文は、「YやZはしてもよい」と読むことができる。「Pしなければならない」という条文は、「これまでのようなP1をするのではなく、それに代えて新しくP2をしてみたらどうか」というふうに読むことができる。自由にできる範囲を読み取るのだ。

シロウト教育論も生徒としての狭い体験も、このやっかいな世界を無視している。シロウト教育論は、教育法令や制度についてよく知らないで主張されていることが多いから、「現実には無理ですよ」と言わざるをえないことが多い。単に現行法令では無理だというだけでない。複雑な制度の実態を考えると、うまくいかないことが目に見えているというふうな案だったりする。つまり、法令改正をしてみても、制度として思ったようには作動しなかったり、深刻な副作用が生じたりするような案だということである。

生徒としての狭い体験だけで教育を考える学生もまた、自分が受けてきた教育体験の外側にある法令や制度についてよく知らない。だから、自分の恩師のスタイルをまねるやり方が行き詰まったときに、何がどうできるのか分からないままになってしまう。体験からしか学ばない人間は、狭い世界を超えられないのだ。

現代の学校は、複雑な法令と制度でつくられた世界である。そこをよりよいものにするためには、その世界を構築しているルールや仕組みをきちんと学ぶべきなのだ。

おわりに

シロウト教育論や生徒としての狭い体験だけで教育を見ていたら、よりよい教育の方向は見えてこない。それらが描く世界よりも、現実の教育はもっと複雑で微妙なのだ。教育は他者を変えようとする行為であるがゆえに、不確実性がつきまとっている。また、教育の目的・目標に関する意図はたくさんあり、しかも、しばしば矛盾している。その中から何を選んでどうやるのか、たくさんの知識としっかりとした見識が必要だ。さらに、現代の学校は複雑な法令や制度で成り立っており、そのルールや仕組みをきちんと知らないと、何がどこまでできるのかの見通しがつかない。だからこそ、私が教える学生たちには、教育学をしっかり学んで、将来に活かしていってほしいと思っている。

同じ一棟の小屋を建てるにしても、日曜大工と一流の匠との間には明確な差がある。同じ野球をするにしても、草野球とプロ野球とでは明確な差がある。同じように、誰でも他人に何かを教える仕事はできるかもしれないが、それでは狭い。教育学をしっかりと学び、思考の材料にして考える教員は、常に新しく何かを考えながら教育をやっていくことができる。

「大学で学ぶ教育学は教員の仕事に役立たない」という批判がある。しかし、私に言わせるとそれはまちがっている。そういうふうに言い放つ教員は、仕事に役立てるほど大学時代に深く広く勉強していなかったか、あるいは、せっかく学んだことを活かす方向に役立てていないかのどちらかである（広田 二〇〇九、二～四頁）。大学で教えられる教育学は、確かに現場との間に距離がある。でも、だからこそ「日常にない知」「日常を見つめなおす知」として重要だ。現場にない知が、新しい発想や反省的な思考の足場になるということである。

学生の皆さんは、「面白い」と思えるまで深く勉強してみてほしい。知識が深まると、それが面白くなるし、自分の思考に役立てることもできる。それは、おそらく歴史学でも物理学でも教育学でも同じである。教員採用試験のために教育学を勉強するという「疎外された学習」では、教員にはなれるかもしれないけれど、「よい教員」にはなれない。

――とまあ、授業ではこう話しておこう。学生にはこのように説明して、授業で学んでもらえるからいい。トンデモ教育論をぶち上げる政治家の先生がたには、「教育学をもっと勉強してくださいよ」と言ってもムダだろうなぁ……。

初出一覧

「はじめに」………書き下ろし

Ⅰ　中央の教育改革

1「近年の教育改革(論)をどうみるか――ましな改革を選んでいくために」………書き下ろし。

2「日本の公教育はダメになっているのか――学力の視点からとらえ直す」………『教育展望』教育調査研究所、二〇一三年四月号、三〇～三五頁。

3「【対談】新しい学習指導要領は子どもの学びに何を与えるか――政策と現場との距離」………『世界』岩波書店、二〇一七年三月号、四六～五六頁。

4「なぜいま教育勅語？」………『神奈川新聞』二〇一七年六月一六日、一七日。

5「「昔の家族は良かった」なんて大ウソ！　自民党保守の無知と妄想――家庭教育支援法案の問題点」………『現代ビジネスＷＥＢ』講談社、二〇一七年四月二四日アップロード。

6「教育改革のやめ方――ＮＰＭをめぐって」………『日本教育新聞』二〇一二年四月二日、九日、一六日、二三日。

Ⅱ　教育行政と学校

7「地方の教育行政に期待するもの――新しい時代の学校教育」………『全国町村教育長会会報』全国町村教育

長会、第一一〇号、二〇一七年、九〜二三頁(二〇一六年五月一二日・全国町村教育長研究大会講演)。
8 「学校教育のいまと未来」………『そだちの科学』日本評論社、二〇一〇年四月号、八〜一三頁。
9 「地方分権と教育」………小林彰彦と共著、『学校運営』学校運営/全国公立学校教頭会編、第五三巻第三号、二〇一一年六月一日、一〇〜一四頁。
10 「学校のガバナンス」の光と影」………『月刊教職研修』教育開発研究所、二〇一一年九月号、一一五〜一一七頁。
11 「保護者・地域の支援・参加をどう考えるか」………『日本教育経営学会紀要』第五四号、二〇一二年五月三〇日、一〇九〜一一二頁(二〇一一年六月四日・日本教育経営学会公開シンポジウム「保護者・地域が支える学校運営の可能性を探る」)。

Ⅲ 教員の養成と研修

12 「教員の資質・能力向上政策の貧困」………二〇一九年五月三一日・日本大学文理学部教職支援センター講演「教員養成像の貧困——教職課程コアカリキュラム案を読む」。
13 「教員集団の同僚性と協働性」………武石典史と共著、『学校運営』学校運営/全国公立学校教頭会編、第五一巻第四号、二〇〇九年七月一日、一六〜一九頁。
14 「「教員は現場で育つ」のだけれど……」…………『神奈川県教育文化研究所所報 二〇一二』神奈川県教育文化研究所、二〇一二年五月三〇日、七〜一一頁。
15 「教育の複雑さ・微妙さを伝えたい」………日本大学文理学部編『知のスクランブル——文理的思考の挑戦』筑摩書房、二〇一七年、一三九〜一五二頁。

広田照幸

1959年生まれ．日本大学文理学部教授．専攻は教育社会学．日本教育学会会長(2015年8月〜)．著書に『日本人のしつけは衰退したか――「教育する家族」のゆくえ』(講談社現代新書，1999年)，『教育言説の歴史社会学』(名古屋大学出版会，2001年)，『ヒューマニティーズ 教育学』(岩波書店，2009年)，『教育問題はなぜまちがって語られるのか？――「わかったつもり」からの脱却』(共著，日本図書センター，2010年)，『福祉国家と教育――比較教育社会史の新たな展開に向けて』(共編，昭和堂，2013年)，『教育システムと社会――その理論的検討』(共編，世織書房，2014年)，『教育は何をなすべきか――能力・職業・市民』(岩波書店，2015年)，『学問の自由と大学の危機』(共著，岩波ブックレット，2016年)，『大学論を組み替える――新たな議論のために』(名古屋大学出版会，2019年)など．教育・社会にまつわる歴史的・実証的な研究とともに，最新の教育事象や政策動向について信頼できる知を発信している．

教育改革のやめ方
――考える教師、頼れる行政のための視点

2019年 9 月19日 第1刷発行
2021年 4 月 5 日 第4刷発行

著　者　広田照幸《ひろたてるゆき》

発行者　岡 本 厚

発行所　株式会社 岩波書店
〒101-8002 東京都千代田区一ツ橋 2-5-5
電話案内 03-5210-4000
https://www.iwanami.co.jp/

印刷・三秀舎　製本・牧製本

ISBN 978-4-00-061361-3　Printed in Japan

先生も大変なんです
—いまどきの学校と教師のホンネ—
江澤隆輔
四六判一七二頁
本体一八〇〇円

シリーズ大学
1 グローバリゼーション、社会変動と大学
広田照幸
吉田文
小林傳司
上山隆大
濱中淳子
編集
白川優治
編集協力
四六判二〇六頁
本体二二〇〇円

ヒューマニティーズ 教育学
広田照幸
B6判一五八頁
本体一四〇〇円

止まった刻 検証・大川小事故
河北新報社報道部
四六判一七六頁
本体一七〇〇円

地域協働による高校魅力化ガイド
—社会に開かれた学校をつくる—
地域・教育魅力化プラットフォーム 編
A5判二二〇頁
本体一八〇〇円

教育と愛国
—誰が教室を窒息させるのか—
斉加尚代
四六判二〇八頁
本体一七〇〇円

岩波書店刊
定価は表示価格に消費税が加算されます
2021年4月現在